Karl Immermann

Theater-Briefe

Leseklassiker

Karl Immermann

Theater-Briefe

ISBN/EAN: 9783955630324

Auflage: 1

Erscheinungsjahr: 2013

Erscheinungsort: Bremen, Deutschland

@ Leseklassiker in Access Verlag GmbH, Fahrenheitstr. 1, 28359 Bremen.
Alle Rechte beim Verlag und bei den jeweiligen Lizenzgebern.

Leseklassiker

Theater-Briefe

von

Karl Immermann.

Herausgegeben

von

Gustav zu Putlitz.

Berlin.

Verlag von Alexander Duncker,

Königl. Hofbuchhändler.

1851.

K. Immermann's Theater-Briefe.

Theater-Briefe

von

Karl Immermann.

Herausgegeben

von

Gustav zu Putlitz.

Berlin.

Verlag von Alexander Duncker,

Königl. Hofbuchhändler.

1851.

Vorliegende Briefe, die zu veröffentlichen mir der angenehme Auftrag geworden ist, unterscheiden sich wesentlich von andern Briefsammlungen bedeutender Persönlichkeiten, wie unsere neuere Literatur deren so viele aufzuweisen hat. Ich setze die Erklärung dieses Unterschiedes an die Spitze des Buches, damit der Leser nichts anderes darin suchen möge als er finden wird; damit ihn nicht eine getäuschte Erwartung in dem Genuß dessen störe, was es ihm bietet.

Nicht den Schleier lüften von dem Privatleben unseres Dichters werden diese Briefe; keinen Blick öffnen in die geheime Werkkammer seines schaffenden Geistes; noch zeigen, wie dieser sich in den äußeren Verhältnissen bildete, und auf dieselben zurückstrahlte. Die vorliegenden Blätter gehören mit ihrem vollen Inhalte der Oeffentlichkeit an,

wenn gleich sie jetzt zum erſten Male vor dieſelbe
treten. Der Titel bezeichnet einfach das Thema,
das ſie behandeln. Bühnenleitung, dramatiſche
Kunſt und Literatur, die moderne Bühne mit ihrer
Berechtigung und Befähigung zum claſſiſchen Drama
und zu den Dichtungen der romantiſchen Schule,
bilden den Gegenſtand der mehr oder weniger ein=
gehenden Beſprechungen. Daß dieſe Briefe be=
ſonders für diejenigen von Intereſſe ſein werden,
denen das deutſche Theater mit ſeinem Beſtehen
und Treiben, ſeiner Geſchichte und ſeinen Hoff=
nungen am Herzen liegt, bedarf keiner weiteren
Auseinanderſetzung. Für dieſe haben ſie die ent=
ſchiedenſte Bedeutung.

Die Düſſeldorfer Bühne unter Karl Immer=
mann wird in unſerer Theatergeſchichte immer eine
merkwürdige Epiſode bleiben, denn eine Epiſode
iſt ſie leider. Aus ſich ſelbſt, durch den ſchaffen=
den Geiſt ihres Leiters, und nur durch ihn auf=
geblüht, iſt ſie auch in ſich verſunken, ſobald er
ſeine Hand von ihr zurückzog. Immermann hatte
die gewohnte Bahn der hergebrachten Theaterlei=

tungen überall und nach allen Richtungen verlassen. Er muthete dem Publicum ein Interesse an Dichtungen zu, die es bisher niemals auf den Brettern verfolgt hatte, und seinen Schauspielern Stücke, die man gewohnt gewesen war zu den unaufführbaren zu zählen. Ich nenne nur: den wunderthätigen Magus und die Tochter der Luft von Calderon, den Tieck'schen Blaubart, Immermanns eigenen Hofer und Alexis. Die Darstellungen gelangen und gewannen das Publicum. Durch unermüdliche und zahlreiche Proben wurde ein Ensemble erreicht, dieses erste Erforderniß dramatischer Darstellungen, von dem wir jetzt auf der deutschen Bühne, mit geringen Ausnahmen, nur noch durch Tradition wissen. Noch mehr: da Immermann jede bedeutendere Dichtung zuerst seinen Schauspielern vorlas, ehe er die Proben begann, dann mit jedem Einzelnen Leseprobe der Rolle anstellte, bis jeder Accent richtig, jede Intention des Dichters in das gehörige Licht gestellt war, so erzielte er eine Einheit der Gesammtauffassung des Werkes, an die bei andern Bühnen nicht einmal

gedacht wird, und die doch dem künstlerischen Ideal
unbeschreiblich näher führt. Es bedarf keiner Aus=
einandersetzung zu beweisen, wie hoch diese Ver=
bindung äußeren Zusammenwirkens von Rede, stum=
mem Spiel und Gesammtbilde, mit der Einheit der
innern geistigen Auffassung und Intention des
Dichters forttragen mußte über die gewöhnlichen
Darstellungen, die wie grobe Mosaike mehr Fugen
zeigen als zum Bild verbundene Theile und aus=
einander fallen bei der geringsten Berührung.

Die sogenannten praktischen Bühnenleiter, die
Routiniers der Kunst, die mit mitleidig schlauem
Lächeln auf die Anfänge des Düsseldorfer Theaters
geblickt hatten, konnten wenigstens Resultate nicht
fortläugnen, die sie niemals aufzuweisen hatten,
und die hier ohne hervorragende Talente, ohne
außergewöhnliche Unterstützungen, einfach durch
den Geist und die Energie des Lenkers, durch Fleiß,
guten Willen und Fügsamkeit der Schauspieler
hervorgebracht waren.

Wäre nicht die Düsseldorfer Bühne unter Im=
mermanns Leitung durch die Ungunst der Verhält=

niſſe untergegangen, oder hätte der Dichter ein weiteres Feld für seine dramaturgische Wirksamkeit, mit bedeutenderen Kräften und Mitteln erhalten, wer weiß ob er nicht das ganze deutsche Theater auf eine Stellung geführt hätte, die der Intelligenz der Nation, der Schätze unserer Literatur würdig geweſen wäre? Wer weiß es ferner, ob er nicht die dichterischen Talente unserer Zeitgenossen zu sich herangezogen und der Bühne zugewandt hätte, von der ſie jetzt, und leider fast in dem Maße ihrer poetischen Begabung und ihres künſtleriſchen Gefühls, abgeſtoßen werden müſſen?

Aber das Alles führt kein Wunsch uns zurück! Unfreundliche Zufälle zerrissen die Fäden des Gewebes, die ſich ſo ſchön gefügt hatten, und der Tod ließ die Hand des Meisters erstarren, der ſie wieder hätte knüpfen können. Wir ſpinnen und haſpeln fort in gewohnter, gewöhnlicher Weise; wir klagen über das mehr oder weniger grobe Tuch, das die unechten Flitter, die wir einweben, nicht beſſer machen, — aber Rad und Haſpel ſind einmal im Schwung, das glatte Weberschiffchen fliegt hin und wieder, das Handwerk geht, und weil man sich gewöhnt hat es Kunst zu nennen, hat man sich fast auch schon gewöhnt es dafür zu halten. Doch vielleicht läßt das Geschick der deutschen Bühne einmal wieder geweihtere Hände eingreifen in das Getreibe des Theaters, vielleicht bahnt sich eine Reorganisation an, die in glücklicher Verbindung von Schule, Studium und Talent das Theater aus der Reihe der Vergnügungen zum Range der Künste und der Bildungsinstitute wieder erhebt. Bei diesem Unternehmen würde immer wieder der Immermannsche Versuch, die Principien die er verfolgte, die Wege die er bahnte, die Erfahrungen die wir ihm danken, die Leitfaden sein, an denen man sich zu halten hätte. Der Meister leider kann uns nicht mehr lehren. Lernen werden wir immer von ihm, denn überhaupt können wir in der Kunst immer mehr lernen, als uns gelehrt werden kann.

Immermanns Absicht ein umfassenderes Werk über seine Bühnenleitung zu schreiben hat, wie so manchen Plan, der Tod zerstört. So bleiben uns

als Nachrichten über dieselben, außer kleinen zerstreuten Notizen und Besprechungen, nur: ein noch
ungedrucktes, sehr fleißig geführtes Theaterdiarium
mit den genauesten Notizen über die Details der
Bühnenführung, was jedoch nur in der Hand des
Verfassers selbst, als Gedächtnißhülfe, zu einem
allgemein nützlichen und werthvollen Werke hätte
erblühen können. Ferner ein Aufsatz von Friedrich
von Uechtritz im ersten Bande seiner „Blicke in
das Düsseldorfer Kunst= und Künstlerleben." Von
demselben Verfasser, der überhaupt durch Rath
und That dem Unternehmen förderlich war, ein=
zelne Aufsätze in den Blättern für literarische Un-
terhaltung. Dann Theaterkritiken von Grabbe, und
endlich die umfassendsten Nachrichten im dritten
Theil der Immermannschen Memorabilien, in einem
in jeder Beziehung nicht genug zu empfehlenden
Aufsatze: „Düsseldorfer Anfänge. Maskengespräche",
zuerst erschienen in der deutschen Pandora. —
Vorliegende Briefe werden sich an diese Nachrich=
ten anschließen, und wenn der Herausgeber auch
zunächst nur den Freunden der deutschen dra=

matischen Kunst, den Freunden Immermanns, in
ihnen eine Reihe werthvoller Besprechungen zu
bieten beabsichtigt, so kann er doch auch die Hoff=
nung nicht zurückhalten, daß sie einmal zur He=
bung der Bühne, die ihm, wie so Vielen, am
Herzen liegt, beitragen mögen.

Retzien, den 10. May 1851.

Gustav zu Putlitz.

An den Grafen von Redern in Berlin.

Hochgeborner Herr Graf.

· Hochzuverehrender Herr General-Intendant.

— — — — — — — — — — —

Ich habe im verwichenen Winter mit unserer
hiesigen Bühne einen Versuch gemacht, der mir in-
structiv gewesen ist, und da Ew. Hochgeboren lebhaften Antheil an der Sache des deutschen Theaters
nehmen, so erlaube ich mir, davon eine kurze Notiz
zu geben. Seitdem ich reiflicher über Dramatisches
und Theatralisches nachgedacht, kam es mir immer
vor, als ob an der Verwilderung unsrer Bühne
zwei Dinge hauptsächlich Schuld seyen: einmal der
Umstand, daß sie gezwungen, tagtäglich etwas auf-
zutischen, dadurch schon den Keim des Gemeinen
und Niedrigen in sich trägt, sodann aber, daß unsere Schauspieler meistentheils den richtigen Ge-
sichtspunkt für ihre Kunst verlieren, und sich aus

geiſtvoll reproduzirenden Organen für den Gedanken
des Dichters zu ſelbſtſtändig produzirenden Genies
gemacht haben. Der letzte Punkt hat namentlich
verurſacht, daß das, was man Kunſt der Recitation, Styl der Darſtellung nennt, unſern Schau-
ſpielern faſt verloren gegangen iſt, und ihnen nur
eine mehr oder minder piquante, immer aber un-
wahre Manier, ſo wie allerhand mimiſche Experi-
mente verblieben ſind. Zugleich hat er dem Richtigen, welches jetzt mit Ausnahme der großen Sachen aus früheren Zeiten allein das Repertoir bildet,
die Bahn gemacht, weil die Leute eben das nur
noch zu ſpielen wiſſen, was ihnen durch keine gei-
ſtige Macht einen Zwang auferlegt.

Das tägliche Spiel läßt ſich einmal nicht auf-
heben, ich war daher immer der Meinung, daß
man das Tagesrepertoir ſeinen gleichgültigen Gang
gehen laſſen, und nur dafür ſorgen müſſe, von Zeit
zu Zeit dramatiſche Feſtabende zu bereiten, die uns
denn doch hin und wieder die Bühne zu dem machten, weswegen ſie den Griechen und Spaniern
etwas ſo Wichtiges und Bedeutendes war. Die
Verwöhnung der Schauſpieler aber, das Schlimmſte,
ſchien mir nur auf dem Wege gründlicher Methode,
die ſich nicht auf allgemeine Wünſche und Rath-

schläge beschränkte, sondern die Sache praktisch an der Wurzel griffe, heilbar.

Diese Grundsätze leiteten mich, als ich im Anfang des Winters hier einen Theater-Verein stiften half, der es sich zur Aufgabe gesetzt hat, unsre hiesige Bühne einer heilsamen Umgestaltung entgegen zu führen. —

Ich bekam verfassungsmäßigen Einfluß auf die Leitung und Ordnung derselben, und beschloß nun gleich, den Tag dem Tage zu überlassen und alle Kraft nur auf Hervorbringung einiger Darstellungen zu verwenden, die den Schauspielern und dem Publico nur erst einmal wieder zeigen sollten, was es heiße, dramatische Gedichte als Gedichte auf der Scene zu verwirklichen. Ich suchte dies durch möglichst charakteristische und lebendige Vorlesungen, theoretische Vorträge, sorgfältige Leseproben, Recitir- und Scenen-Uebungen im Zimmer, und Theaterproben, die sich auch nach und nach so aus dem Einzelnen zusammenbauten, zu erreichen. Auf diese Weise in eigenthümlicher Weise vorbereitet, schritten vom 1. Februar bis zum 25. April, also in nicht vollen drei Monaten: Emilia Galotti, der standhafte Prinz und der Prinz von Homburg über die Bretter. Außerdem auch noch: Stille

Waffer find tief, von einem andern Mitgliede
einftudirt.

Der Erfolg ift fehr erfreulich gewefen. Die
Gefellfchaft, fo zerrüttet, wie eine nicht ftehende
nur fehn kann, und ohne ein einziges hervorragen-
des Talent, gelangte auf diefem Wege zu einem
Enfemble und einem Styl in der ganzen Auffaf-
fung, der Alle, die überhaupt für das Beffre Sinn
haben, ganz eigen berührte. Das Publikum, für
welches diefe Darftellungen geeigneterweife aus der
Reihe der gewöhnlichen Abende gefchieden wurden,
fah ihnen mit Spannung entgegen, und wohnte
ihnen in gedrängtvollen Häufern mit lebhaftem
Intereffe bei, welches fich in der Emilia und im
Homburg bis zum Enthufiasmus fteigerte. Ich bin
daher auch entfchloffen, bei der hiefigen Bühne diefe
Verfahrungsweife fortzufetzen.

Entfchuldigen Ew. Hochgeboren, wenn ich über
einen Gegenftand, der mich fehr befchäftigt hat,
vielleicht zu redfelig geworden bin. Ich bitte, die
Verficherung ausgezeichneter Hochachtung und Verehrung zu genehmigen, mit welcher ich bin

Ew. Hochgeboren

gehorfamfter

Düffeldorf,
den 28. April 1833.

Immermann.

Hochgeborner Herr Graf.

Hochzuverehrender Herr General=Intendant!

Ew. Hochgeboren abermalige geneigte Zuschrift
vom 5. d. M. habe ich zu erhalten die Ehre ge=
habt. Ich ersehe daraus, daß Ihre früheren und
nachherigen brieflichen Aeußerungen nicht auf all=
gemeinen conventionellen Höflichkeiten beruhen, son=
dern aus der ernstlichen Absicht entsprungen sind,
mich zum Nutzen der dortigen Bühne thätig zu
wissen. Wie ich nun für eine so gütige Gesinnung
mich sehr dankbar fühlen muß, so ist es auf der
andern Seite auch meine Pflicht, mich über den
Gegenstand ohne Rückhalt aufrichtig zu erklären.

Ew. Hochgeboren wünschen von mir dramati=
sche Arbeiten für die dortige Bühne. Darauf kann
ich zuvörderst erwidern, daß manche Stoffe seit
Jahren in mir durchgedacht sind, und daß es viel=
leicht nur des letzten Anstoßes bedürfte, um sie nach
und nach auszuführen. Noch größere und sichere
Thätigkeit glaubte ich aber wohl in Bearbeitung,
Ergänzung, Accomodation bereits vorhandener,
fremder Werke, welche entweder gar nicht auf das

halten, die der Bühne, in irgend einer Beziehung eine Aufgabe, Neues zu wagen, zumuthen.

Ich stimme ganz mit Ew. Hochgeboren über-ein, daß ein dramatisches Werk der sogenannten realen Bühne gemäß seyn müsse, die Frage aber ist: Was ist denn die reale Bühne? Dürfen wir wohl mit gutem Gewissen antworten: Wir finden sie auf den Brettern, die schon seit Jahren sich jeder Anregung durch etwas Frisches, Poetisches widersetzen, und nur das geschickte Mittelmäßig:, die Fabrikarbeit zu tragen wissen? Wie war es doch sonst anders! Wie ging von der Empfäng-lichkeit der Bühne für alles Geistigbedeutende eine so ungeheure Wirkung über die Nation aus? Wie hat der Wallenstein gezündet, weil man ihn mit Haut und Haare gab, so bald er fertig war, ob-gleich denn doch wahrlich nicht gesagt werden kann, daß diese drei weitläuftigen Theile mit zahllosen Wiederholungen und Stillständen der Handlung im gewöhnlichen Sinne Theaterstücke waren. — Ist es nun nicht eine eigne zum trübsten Nachdenken auffordernde Erfahrung, daß diese Stücke a la douzaine, die seit einigen Jahren die einzige Nah-rung des Abends ausmachen, denn doch auch so gar keine Geltung in der Literatur erlangen, irgend etwas anregen, und trotz alles Applauses auf der Scene, nicht einmal gelesen werden? Ich bin kein Rigorist; das Jahr ist lang, und dergleichen hat zur Ausfüllung der Tage immer seinen relativen Werth; aber die furchtbarste Karrikatur des Zustandes tritt ein, wenn solche ephemere Erzeugnisse in den Alleinbesitz kommen, wenn nach ihnen bemessen werden soll, was der Bühne gemäß sei, was nicht.

Wir können uns eine Bemerkung nicht hinwegläugnen. Das Theater ist auf dem Wege, den es betreten, mit der Cultur der Nation in Widerspruch gerathen. Es war einst National-Angelegenheit, den Gebildetsten wichtig, und es ist — zum Zeitvertreib geworden, den Niemand unter den Culturmitteln mehr in Anschlag bringt. Sehr traurig! und die Verflachung so vieler Menschen hängt hiemit näher zusammen, als man denkt. —

Man müßte also wohl einmal die Sache von einer andern Seite anregen, wenn man die Bühne regeneriren will. Nicht den Dichter zu den verbrauchten Convenienzen der Bretter hinabzuziehn, sondern jene zu den Gedanken der Dichter emporzuheben, das schiene mir die Art und Weise, wie man nach und nach ein reales Theater im

wahren und großen Sinne schaffen könnte.
Das Repertoir bedarf einer durchgreifenden Erfri-
schung. Diese leitet man immer am zweckmäßig-
sten durch bereits vorhandene, aber fremd gewor-
dene Werke großer Meister ein, denn da steht uns
Autorität, Erinnerung, Tradition helfend zur Seite.
Ich will Ew. Hochgeboren, wenn mir noch die
Ehre Ihres Besuchs wird, ein ganzes Verzeichniß
von solchen Sachen vorlegen, auf welche ich lange
mit der Absicht, sie zu bearbeiten mein Augenmerk
gerichtet habe, und wodurch einem Institute ein
ganz neuer Impuls gegeben werden könnte. Hiemit wäre denn successive die Aneignung der in der
Zeit entstehenden Sachen von wirklichem poetischen
Gehalt zu verbinden.

Eine zweite Maßregel dürfte seyn, gleich bei
sich im Stillen von vorn herein eine Scheidung
zwischen den gewöhnlichen Abenden und den Darstellungen großer genialer Werke zu machen. Diese
letztern müßten academisch behandelt werden, man
müßte das Einstudiren derselben auf eine freilich
von den gewöhnlichen Vorbereitungen abweichende
Weise versuchen. Hier kommen wir freilich auf
den kränksten Punkt der Sache, auf die Schauspieler.

Nicht, daß es uns an darstellenden Talenten fehlte.
Aber allen, die ich wenigstens kenne, fehlt es an
Styl und Schule. Ich verstehe darunter die Fä-
higkeit des Schauspielers, sich unter den Gedanken
des Gedichts im Ganzen und Einzelnen völlig un-
terzuordnen. Unsre Schauspieler haben im besten
Falle nur Manier, sie produciren sich oder piquante
Einzelheiten, wodurch der Zusammenhang eines
Werks zersplittert wird. Ferner ist die Recitation
des Verses — die kunstgemäße nämlich — beinahe
verschwunden.

Mit den Aeltern wäre da nun freilich wenig
anzufangen. Man müßte suchen die Jugend her-
anzubilden. Ich glaube, daß eine Art von Schau-
spielerschule, worin die Jüngeren zur stylhaften
Darstellung und Recitation angeleitet würden, möglich wäre und bald Früchte bringen könnte. Schlüge
die Methode an, so würden die Aeltern ganz von
selbst genöthigt, sich zusammen zu nehmen, oder das
jüngere Geschlecht würde sie überflügeln.

Alle diese Sachen wären freilich sehr weise und
bedächtig anzugreifen. Am wenigsten dürfte man
auf der Stelle schlagende Resultate erwarten. Die
Wirkungen würden sich im Ganzen immer nur nach
und nach zeigen.

Verzeihen Ew. Hochgeboren den weitläuftigen
Brief, das Interesse an dem Gegenstande hat mich
fortgerissen. Ich bitte Ew. Hochgeboren es nicht
für Eigensinn zu halten, wenn ich auf die Weise,
wie sie es zu wünschen scheinen, der dortigen Bühne
mich nicht zuneigen kann. Ich würde aber wirklich nur die Möglichkeit vor mir sehen, ihr nützlich
zu werden, wenn ich in Berlin selbst wäre, und
dort eine mir zusagende, meinem innern und äußern
Beruf nicht schadende Existenz gewönne, welche eine
wahrhafte produktive Wechselwirkung zwischen Ew.
Hochgeboren, der Bühne und mir hervorbringen
müßte.

Genehmigen Ew. Hochgeboren die Versicherung
ausgezeichneter Verehrung, womit ich beharre

Ew. Hochgeboren

Düsseldorf,   ganz gehorsamster
den 21. Mai 1833.

Immermann.

An Eduard Devrient.

1.

Sehr angenehm berührten mich Ihre freundlichen Zeilen, werther Herr und Freund, die ich gestern erhielt. Man ist in diesen Zeiten der Kälte zuweilen in Gefahr, zu erstarren, oder sich gänzlich zu resigniren, was das Nämliche bedeutet; aus solchem beginnenden Seelenschlummer weckt Einen dann wieder einmal ein herzlicher, liebevoller Zuruf wie der Ihrige.

Die Epigonen sind zum rechten Schiboleth geworden zwischen Gilead und Ephraim. Die Lebenden und Gesunden finden darin Leben und Gesundheit, die Kranken und Schwachen erschrecken davor und rufen in ihrer Herzensangst: Nichts als Tod und blasirtes Wesen! — So verräth ein Jeder sein Inneres an diesem Buche. Was mich betrifft, ich hätte lieber alles Andere gethan, als mich drei Bände hindurch mit Müll und Motten=

fraß befaßt. Ich schrieb es in großer Lust, Liebe
und Freudigkeit; es war mir viele Jahre lang mein
treuester Nacht= und Taggefährte; die Menschen,
deren Schicksale das Buch erzählt, gingen wie leib=
haftige mit Fleisch und Blut bei mir aus und ein.
Nun, meine ich, aus solchen Stimmungen kann
wohl nichts Abgestorbenes entspringen.

Lieb ist es mir, daß Sie besonders die letzten
Schicksale hervorheben, die, wie auch ich glaube,
gut gemacht sind. Man hat die Katastrophen zu
sehr einander drängend und überstürzend finden
wollen; ich kann aber diesen Tadel noch nicht für
richtig anerkennen, glaube vielmehr, daß ein allge=
meines herbes Schicksal hier motivirt und durch
die früheren Bücher vorbereitet war.

Herrmanns nächtliches Suchen nach einem
Abendessen ist allerdings eine Reminiscenz unseres
damaligen Gangs zu Lutter. Es war mir so ko=
misch und merkwürdig, in der großen Stadt von
200,000 Einwohnern Abends 11 Uhr alle Läden
geschlossen zu finden, daß die Erinnerung mir
unwillkürlich in die Feder kam.

Ihrem feinen und geistreichen Stücke habe ich
alle die Sorgfalt zugewendet, welche es verdiente.
An der Darstellung würden Sie, glaube ich, Ver=

gnügen gehabt haben; unsere Bühne ist für das
Conversationsstück wirklich bis zu einem gewissen
Grade der Ausbildung gediehen. Die Aufnahme
war noch viel günstiger als ich gerade dem Souffleur detailliren mochte; das Publikum bezeugte sich
ganz glücklich über das Stück.

Sehr viel Gutes ist mir von Ihnen und ihrem
künstlerischen Fortstreben seither erzählt worden,
noch neuerdings durch Herrn von Uechtritz, der
Sie in der Schule des Lebens (nisi fallor) gesehen
hatte. Klarheit, Harmonie und Maaß sind die
Eigenschaften, durch die Sie zu wirken sich bestre-
ben; Eigenschaften, welche unsere soi disant Genies, die die Bühne zerrüttet haben, nur zu sehr
entbehrten und entbehren. Das deutsche Theater
krankt gegenwärtig an drei Hauptgebrechen.

1. Der Begriff einer Schule ist fast ganz verschwunden, eine stätige methodische Ausbildung wird
verachtet, die Mittelstufen werden übersprungen,
und diejenigen, welche einen gewissen Grad der
Vollkommenheit erreichten, wissen von jener Fähig-
keit, immer wieder von vorn anfangen zu können,
welche eigentlich den stylhaften Meister vom Manieristen unterscheidet, nichts. Sie gleichen hierin
einem Maler, der, weil er berühmt geworden, es

unter seiner Würde halten wollte, Studien nach
der Natur zu machen, oder Acte zu zeichnen.

2. Der Schauspieler stellt sich über das Gedicht,
und glaubt erst, Etwas aus demselben machen zu
müssen, statt das gerade umgekehrt das Gedicht
aus ihm etwas machen soll. Er hat seine Stellung als reproductiver Künstler aufgegeben, und
ist naturgemäß dadurch in das Gebiet willkührli-
cher und grillenhafter Produktion gerathen.

3. Das mimische Element hat die Ueberhand
über das recitirende gewonnen, statt daß es umgekehrt sein sollte, denn die Poesie ist eine Kunst
der Rede, das Vehikel also, wodurch die dramatische zur vollen Erscheinung gelangt, muß *primo*
die Rede und erst *secundo* das Spiel der Ge-
sichtsmuskeln, der Hände und Füße seyn.

Was ich hier habe thun können, die Fehler und
Verirrungen auszurotten, ist, wie ich glaube, seit
diesen drei Jahren geschehen. Da mir keine großen Talente zu Gebote standen, so habe ich mich
wenigstens bestrebt, aus Jedem so viel zu machen,
als aus ihm werden konnte, und durch immer neue
Aufgaben die Kräfte in Spannung zu erhalten.
Denn ein poetisches Repertoir ist eigentlich das α
und ω einer geistigen Bühne. Noch kürzlich brachte

ich Calderon's wunderthätigen Magus und den zweiten Theil der Tochter der Luft mit einem Vorspiele auf die Bretter. In letzterem Stücke ließ ich Semiramis und Ninyas von einer Schauspielerin spielen und das Experiment gelang. Auch die beiden Theile des Alexis wurden in voriger Woche wieder gegeben. Zunächst stehen nun Kleist's Schroffensteiner bevor.

Uebrigens geht die Bühne Ende März wegen Mangels an ferneren Subsistenzmitteln ein. Manches hätte vielleicht hier noch möglich werden können, wenn ein edler Fürst diese Anstalt unter seinen Schutz genommen hätte.

Richard II. hätte ich gern gesehen. Von der theatralischen Gestalt der ersten Akte habe ich keinen rechten Begriff; verdienstlich ist es aber immer in hohem Grade, solche Sachen vorzuführen, welche die Leute denn doch zu Sammlung und Nachdenken nöthigen.

Verzeihen Sie mir den weitläufigen Brief, und sehen Sie wenigstens daraus, welches Vergnügen es mir macht, mich mit Ihnen zu unterhalten. Mit den besten Wünschen

Düsseldorf,   aufrichtig ergeben
den 1. Febr. 1837.
                                                Immermann.

2.

Düsseldorf, den 3. August 1837.

Verehrter Herr und Freund!

Ich habe heute an den Grafen Redern das Manuscript eines Trauerspiels: die Opfer des Schweigens, mit der Bitte um Darstellung auf Ihrer Bühne abgesandt. Es ist eine Liebestragödie, deren Inhalt meines Erachtens in keiner erdenklichen Beziehung verfänglich erscheinen kann, und die daher zu geben ist, wenn man sonst will. Da ich nun aber weiß, daß die Darstellung dramatischer Dichtungen, wenn sie nicht zu dem uns bekannten edlen Genre gehören, gegenwärtig Ausnahme von der Regel ist, sofern nicht am Orte Jemand die Sache der Preis gegebenen führt, so wollte ich Sie, im Vertrauen auf Ihre freundlichen Gesinnungen gegen mich, ergebenst gebeten haben, das Patronat meines Stückes zu übernehmen, d. h. zuvörderst gefälligst letzteres zu lesen, und wenn es Ihnen darstellbar vorkommt, durch Nachfrage und Anregung das Schiff womöglich vom Stapel zu bringen. Ich wünsche, daß es im Spätherbst gegeben wird, weil dann die beste Zeit für neue Sachen ist.

Gern würde ich Ihnen die Mühe ersparen, wenn ich ein anderes Mittel kennte, meinen Zweck zu erreichen. Verzeihen Sie also meine Dreistigkeit und seien Sie versichert, daß mich nichts mehr freuen würde, als Ihnen wieder dienen zu können.

Ueber die Dichtung sage ich weiter nichts. Sie muß sich selbst empfehlen, oder es ist nichts daran. Ich schrieb das Stück als ich die Direktion der hiesigen Bühne niedergelegt hatte, sieben Jahre nach dem Alexis, der letzten meiner dramatischen Arbeiten.

Aufrichtig ergeben

Immermann.

3.

Würzburg, den 21. September 1837.

Recht herzlich, mein verehrter Freund, bin ich durch Ihre Zeilen und durch Ihre Theilnahme an meinem Stücke erfreut worden. Ihre Ausstellungen finde ich sehr begründet. Die zweite Intrigue, die Intrigue Aretin's, war mir in ihrer endlichen Catastrophe immer ein Stein im Schuh. Ich konnte

sie nicht entbehren, und wußte sie doch im letzten
Akt nicht so einzuflechten, daß Aretin fortwährend
bedeutend vor den Zuschauern blieb und doch das
Haupt-Interesse, welches sich nur auf Ghismonden
und ihren Vater concentriren sollte, nicht störte.
Ich habe diese Parthie wohl dreimal umgearbeitet,
ohne mir zu genügen.

Das ist nun also ein Fehler des Werks, aber
ein Fehler, den ich, wenigstens vor der Hand, nicht
verbessern kann. Es muß mit diesem Fehler sein
Schicksal versuchen. Ich tröste mich damit, daß
wohl jedes dramatische Werk irgend einen Punkt
der Schwäche hat, und damit, daß Aretin in den
ersten Akten zu bedeutend ist, um nicht auch seine
Stelle, dankbar für Zuschauer und Darsteller, aus-
zufüllen.

Den zweiten Tadel, die Aufruhrscene betreffend,
dessen Richtigkeit mir ebenfalls einleuchtete, konnte
ich desto leichter beseitigen, da ich in der That nur
meine erste Redaktion herzustellen hatte. Ich hatte
diese Scene so geschrieben, wie Sie wünschen, und
schrieb auf fremden Rath um, wodurch sie die
aphoristische, charakterlosere Gestalt erhielt. Beilie-
gend sende ich sie Ihnen. Wollen Sie wohl die
Güte haben, bei dem Regisseur, Herrn Stawinsky,

dem ich mich bestens zu empfehlen bitte, zu veranlassen, daß diese geringe Variante dem Buche und den Rollen einverleibt werde? — Die Empörer müssen nur durch sichere und geübte Leute besetzt seyn und die Scene muß überhaupt äußerst rund und rasch einstudirt werden, damit Tancred nicht zu schweres Spiel während derselben hat. Dagobert muß ferner durch seinen Gestus marquiren, daß er in der Meinung steht, die Aufrührer wollen die Seitenthüren, wo des Fürsten Gemächer angenommen werden, stürmen, da er den Fürsten nicht sehen darf. Um dieß natürlich erscheinen zu lassen, muß er so weit als möglich vom Theobald und Tancred ab, und auf der zweiten Linie des Theaters stehen, dann verdeckt Theobald wirklich den Tancred vor ihm.

Auf die Besetzung bin ich sehr gespannt; benachrichtigen Sie mich doch gefälligst von derselben, wenn sie geschehen ist. Die Damen = Rollen ergeben sich von selbst. — Fräul. von Hagn die Prinzessin, Frau Wolf die Oberhofmeisterin (nur ja keine Andere!) die Hofdamen beide Stichs. — Die kleinen Rollen der d'Este, Morsisa müssen auch in guten Händen seyn, wie denn überhaupt die Hofscenen des 1sten und 2ten Akts das allersorgfältigste

Spiel erfordern und vor allen Dingen große Raschheit.

Hinsichtlich der Männer schwebe ich wegen Lemms Tode bei Tancred und Aretin in Ungewißheit, da durch jenen Todesfall die Personal=Verhältnisse sich so wesentlich geändert haben. Manfred — Herr Grua. Dagobert — Herr Wauer.

Guiscardo ist von der größten Wichtigkeit. Von seinem Spiel im dritten Afte hängt so ziemlich der Erfolg ab. Wird dieser Charafter in seiner Jugend und Frische, in seiner einschmeichelnden, hinreißenden Gluth und Hingebung, in seinem lyrischen Taumel und geistigen Platonismus verstanden und ausgeprägt mit allen Nüancen und Schattirungen, so wird die Stimmung und das Schicffal Ghismondens auch begriffen werden. Wird er wie ein gewöhnlicher jugendlicher Liebhaber abgespielt, so kann das Stück daran scheitern.

Ich weiß wohl, daß Ihr Rollenfreis mehr in der Sphäre der Ideenhelden liegt, wie Posa, standhafter Prinz u. s. w., indessen wünschte ich doch, daß Sie den Guiscardo erhielten; ich würde dann am sichersten seyn.

Thun Sie Ihr Bestes bei Redern oder sonst wo, daß das Stück bald und ordentlich gegeben wird. — Hat es einen Erfolg, wenn auch nur einen succès d'estime, so wird mich das ermuntern, ferner für die Bühne thätig zu sein — andernfalls verlangt es die Vernunft, die ich doch nun im Schwabenalter erlangt haben muß, daß ich mich für immer entschieden resignire.

Die Vollmacht, passenden Orts zu kürzen, haben Sie. Soll ich dieserwegen an Stawinsky schreiben?

Ihre Anfrage wegen Hamlet beantworte ich, so wie ich nach Düsseldorf zurückgekehrt bin, aus meinem dramaturgischen Tagebuch genau und ausführlich.

Wenige Stunden vor meiner Abreise nach Franken erhielt ich Ihren Brief. Ende dieses Monats bin ich wieder in Düsseldorf.

Ganz der Ihrige

Immermann.

4.

Auszug aus einem Theater-Diario in Betreff der fraglichen
Punkte in Hamlet.

Die Schauspielscene gehört zu den wichtigsten
im Hamlet, denn sie bildet die Peripatie der Tragödie. Bis zu ihr ist die Möglichkeit vorhanden,
daß der König sich in seiner Lüge aufrecht zu erhalten werde im Stande seyn, daß Hamlet sich
beruhigen werde, daß das Wort des Geistes werde
vergebens gesprochen seyn.

Nach derselben fallen diese Möglichkeiten hin-
weg; der König ist grenzenlos compromittirt. Er
muß Hamlet hinwegzuschaffen suchen; der Held
seinerseits wird endlich doch, alles Sträubens gegen
einen kräftigen Entschluß ungeachtet, das Schwert
zu ziehen haben.

Sie würde auch zu den theatralisch wirksamsten
gehören, weil der Zuschauer die Gewißheit voraus
hat, daß ein großer Effect eintreten wird, der Dichter aber diesen Effect so grabatim und langsam
als möglich präparirt, und ihn gleichsam nach seinem ganzen Ertrage exploitirt. Derartige Scenen
sind aber immer die drastischesten.

Gleichwohl pflegt · unsere vorliegende ziemlich bedeutungslos zu verrauschen, und daran ist die hirnlose scenische Anordnung derselben Schuld. Man läßt nämlich:

a) die kleine Comödie ohne Vorbereitung hereinstolpern, da sich dann die gestelzten Verse derselben unmittelbar auf die gehaltvollen Reden des Stücks ziemlich albern ausnehmen müssen. Man beachtet, wie so vieles Gute, auch das nicht, daß die Bücher, deren Anweisungen sich doch auf die alte scenische Tradition gründen, die vorangehende Pantomine mit Musik ausdrücklich vorschreiben.

Man pflegt

b) das kleine Theater im Hintergrunde mit einem schönen Vorhang versehen, anzubringen. König und Hof sitzen vor der Bühne bis zum ersten Flügel hinab und zeigen den Zuschauern ihre Profile. Hamlet pflegt am gegenüberstehenden ersten Flügel zu sitzen, wohin man dann nothgedrungen auch Ophelie placiren muß.

Abgesehen davon daß durch dieses Arrangement Alles eher, als die Vorkommenheiten einer Theaterdarstellung versinnlicht wird, so tritt nun auch

durch dasselbe die Scene außer jedem Contact mit
dem Sinn der Zuschauer, alle Mitwirkende werden
entweder paralysirt oder isolirt; sie ist ohne irgend
einen Brennpunkt.

Aus der Erwägung dieser Mißgriffe entspran-
gen für die Düsseldorfer Aufführung folgende Haupt-
und Grundmodificationen, die eigentlich schon der
gesunde Menschenverstand an die Hand giebt.

ad 1. Vor der gesprochenen Comödie wurde
die Pantomine, den Inhalt der Handlung anzei-
gend, genau nach der Vorschrift im Buche auf der
kleinen Bühne gespielt. Musik begleitete sie, die
Rietz sehr hübsch gesetzt hatte und vom Orchester
aus dirigirte.

Dadurch löste sich die kleine Comödie von der
Haupthandlung so weit ab, als sie sich lösen muß,
um das bedeutende Motiv zu werden, welches sie
nach der Intention des Dichters sein soll.

König und Königin schwatzen während der
Pantomine nach Sitte vornehmer Personen mit
einander, Polonius kann auch in die Conversation
gezogen werden, so merken die Gewissenkranken
Nichts von dem, was ihnen bevorsteht und werden
erst aufmerksam, wenn der Dialog beginnt.

ad 2. Von einer formirten Bühneneinrichtung

im Schloſſe (wenn überhaupt eine ſolche in Sha-
keSpears Anſchauungskreiſe hätte liegen können) iſt
nirgends im Buche die Rede, und Hamlet wird in
ſeiner Stimmung wahrhaftig keine Luſt haben, ein
ſchönes Theater aufſchlagen zu laſſen. Jedes kleine
Gerüſt, und wäre es von der Art, wie ſie auf einem Schulactus gebräuchlich ſind, mit den noth-
wendigſten Verſetzſtücken wird ihm genügen.

Ich arrangirte daher folgendermaßen:

Ich ließ die kleine Comödie auf einem in einen
ſtumpfen Winkel ablaufenden grünbehangenen, wie
aus dem Stegreif gezimmerten Gerüſt, welches am
erſten Flügel links (vom Schauſpieler) ſtand, ſpielen. Kein Vorhang, nur eine kleine Laube und
ein Gebüſch auf dieſem Gerüſte. Sehr mäßiger
Umfang; Stand auf Rollen und ward bei der
Verwandlung nach hinten gezogen. Die Spielen-
den treten aus der Couliſſe auf daſſelbe. Präch-
tige Saaldecorationen recht im Contraſt zu dieſem
ärmlichen kleinen Theater.

König, Königin, Hamlet, Hof u. ſ. w. alſo ge-
ſtellt:

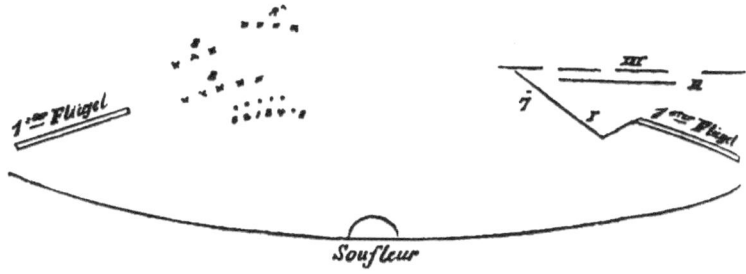

I. Kleine Bühne. II. Laube. III. Gebüsche auf derselben.

1. König
2. Königin] Fauteuil's.

3. Polonius
4. Ophelia] Sessel.

5. Hamlet.

6. Sessel, auf welchen die Königin Hamlet nöthigen will.

7. Horatio, am Theater stehend, der Comödie den Rücken wendend, den König fixirend, mit Hamlet auf discrete Weise sich im Rapport haltend.

8. Pagen, Höflinge, Damen u. s. w.

Die Vortheile dieser Anordnung waren sehr groß. Die Handlung wurde den Zuschauern in die vertraulichste Nähe gerückt, alle Hauptpersonen en face, alle Mienen und Reden äußerst deutlich.

Alle Nüancen, vom verstohlenen Seitenblick des Sünders zur Sünderin bis zu der Confidence des beleidigten Sohnes gegen seinen Schulfreund erleichtert, die Scene daher an Energie von Vers zu Vers wachsend. Todtenstille im Hause, endlich bei dem Jubelrufe Hamlets: Ei, der Gesunde hüpft und lacht u. s. w. Jubel in allen Ecken, als hätte das Publikum selbst einen alten Hamlet zu rächen.

Daneben ein hübsches Bild, und dann der Contrast, wie der König aufsteht, und alles chaotisch durcheinander ruft und rennt, wieder auch für das Auge sehr wirksam.

Auf das kleine Schauspiel kommt offenbar nur insofern etwas an, als es auf die Haupthandlung einwirkt. Es thut daher nichts, wenn man dessen Personen nur en profil sieht.

Auch ist es irrelevant, oder, daß ich mich richtiger ausdrücke, es ist sogar gut, wenn die kleine Komödie sich etwas kleinlich und kindisch ausnimmt, dann stuft sie sich eben gegen die Haupthandlung gehörig ab.

Noch einige Specialia. Wenn Act III. der Vorhang aufging, ließ ich Hamlet im Fauteuil sitzen, den nachher der König einnimmt. Die Schauspieler, denen er die Didaskalie hält, standen seitwärts am kleinen Theatergerüste alignirt, und zwar im Costüm, worin sie hernach in der kleinen Comödie auftreten. Dieß giebt einen eigenen feinen romantischen Reiz; besonders wenn das Costüm etwas phantastisch bunt gehalten ist, und also um so mehr gegen das einfach schwarze Kleid Hamlet's absticht.

Die Schauspielerin, welche die Königin in der kleinen Komödie spielt, ließ ich auch im zweiten Akt schon unter den Schauspielern auftreten und zwar als Knabe kostümirt. Dadurch erinnert man an den bekannten Umstand vom Spielen der Frauen-Rollen durch junge Leute zu Shakespeares Zeit. Man verbindet sich dadurch die antiquarischen Leute im Parterre und sie sind Einem dafür einmal bei Gelegenheit wieder dankbar. Nur muß man den Jungen tüchtig herausputzen, und ihn auch marquirt aufstellen, sonst sehen die Herrn durch ihre Brillen die Feinheit nicht.

Im Obigen empfangen Sie, verehrter Freund, was sich in meinem Diario Wünschenswerthes für Sie über Hamlet finden wollte. Nützen Sie es nun nach eigenem Ermessen und Gutdünken, wie Sie mögen.

Nun ist es Winter geworden und jetzt schmerzt

es mich erst recht, daß meine hübsche Bühne dahin ist. Man kann wohl wehmüthig werden, wenn so etwas untergeht, woran man so treue Pflege Jahre lang gesetzt, um das man eine ganze Hand voll grauer Haare mehr gekriegt hat. Und dann ergreift mich wieder ein Zorn, daß unter den 36 Fürsten Deutschlands sich keiner fand, der ein ganz complett eingerichtetes Theater mit classischem Repertoir und einer schon feststehenden Tradition und Regel mit geringen Kosten sich erkaufen mochte! Und doch stiften sie überall schlechte Hofbühnen für schweres Geld. Man macht eigene Erfahrungen in der Welt.

Nun, der Himmel behüte Sie.

Aufrichtig

ergeben

Düsseldorf,
den 4. November 1837.

Immermann.

5.

Recht sehr freute ich mich, mein verehrter Freund, von Ihnen wenigstens vorläufige Nachricht zu erhalten. So sind denn endlich nach 8 Wochen doch die Rollen ausgeschrieben und sollen ausgetheilt werden; wir dürfen also erwarten, daß wir, wenn uns der Himmel sonst mit Geduld versieht, noch die Aufführung erleben werden. — Ueber den Guiscardo bin ich nun beruhigt, da ich nach Ihrem letzten Briefe annehme, daß Sie die Rolle bekommen. Aber — Aber, was werden uns die andern Herren und Damen daraus machen? In meinen schwarzen Stunden sage ich mir: Es wird eben Keiner Lust dazu haben, weil es dann freilich nicht à la Raupach fort geleyert werden kann und dann weiß ich nach meiner Theaterpraxis, daß so ein Stück schon im Voraus verloren ist; die Zuschauer sehen sich an, wenn der Vorhang fiel, und sagen: Was ist da oben denn eigentlich vorgefallen? und die Herren und Damen in den Garderoben sagen, indem sie sich die Schminke abreiben: Nun, haben wirs nicht vorhergesagt? Dergleichen geht nicht, zum Lesen mag es recht hübsch sein. Ja zum Lesen mag es recht hübsch sein — denkt auch der

Friseur in der Stille, und: dergleichen geht nicht, denkt der Garderobegehülfe in der Stille. Alles geht mit der allgemeinen Ueberzeugung, dergleichen gehe nicht, nach Hause, und am folgenden Tage setzt sich Spuck-Schulze hin und schreibt in die Spenersche einen Commentar zu den Worten: dergleichen geht nicht, aber mit Raupach, da geht's.

Nun, werther Freund, sorgen Sie an Ihrem Theile dafür, daß die Misere diesmal nicht Recht behält, und daß dergleichen doch geht. In meinen guten Stunden sage ich mir wieder: Ganz können sie's auch mit dem besten Willen nicht ruiniren; die Situation zwischen den Liebenden, die Scene zwischen dem Fürsten und Guiscardo, das Pathos Ghismonda's in den letzten Akten, alles das wird sich durch sich selbst behaupten. Vor der Hand wollen wir also noch der Hoffnung Raum geben. Wären Sie nur Regisseur, daß ich mit Ihnen in extenso über die Einrichtung und das Arrangement communiciren könnte, worauf so unendlich viel ankommt. Die gewöhnlichen Herrn Regisseure haben aber darin eine ganz eigene Genialität, wo sie ein Fünkchen Poesie wittern, gleich durch irgend ein Arrangement einen nassen Sack darauf zu werfen, daß der Brand ja nicht um sich greife.

Den kritischen Moment, wo Guiscardo im
Bilde lebendig wird, habe ich mir so gedacht, daß
G. nicht etwa erst sich erhebt, und förmlich vor
der Prinzessin niederkniet, sondern daß er in seiner Attitüde zusammenbricht, in die Kniee zusam-
mensinkt und während des Zusammensinkens die
Worte hinhaucht. Die zerstreuten Hofzuschauer
müssen glauben können, daß es ihm unmöglich gewesen sei, seine Attitüde festzuhalten, wie das wohl
hin und wieder bei lebenden Bildern passirt ist.
Um den Schein wahrscheinlich zu machen, muß G.
in dem Tableau eine schwierige, nicht leicht zu
haltende Stellung (oder Lage) haben, etwa schräg
an einem Felsen, so daß es aussieht, als gleite
er herab. — Das Folgende, die Bestürzung der
Prinzessin, das Fallen des Vorhangs, Aufstehen
Tancreds und der Gesellschaft, Durcheinanderreden
muß unmittelbar augenblicklich, rasch turbulent einsetzen, und in diesem Trouble muß Ghismonda
ohne Zögern eintreten und (wohl zu merken —
agitirt, stockend, verlegen; sie darf sich durch Aretin's Rede nicht irre führen lassen —) hineinreden.

Diese Dinge gehen Sie und Ihre Rolle unmittelbar, oder doch den Moment, den die Rolle
hervorbringt, an, da dürfen Sie also wohl stric-

tissime darauf halten, daß die Sachen ordentlich gemacht werden, wie sie der Dichter gemeint hat.

Wenn Sie doch dem Fräul. von Hagn in einem Säftchen beibringen könnten, daß sie doch ja die Ghismonda nicht so brav und coquet, sondern so recht fein und leise aus dem Innern heraus, mit einem rührenden zarten Schmelz über die Darstellung, auch schon bei dem Geplauder des 1sten Akts spielen möchte. Mit dem Parquet braucht sie wirklich in dieser Rolle gar nicht zu minaudiren. Freilich zweifle ich an der Möglichkeit der Beibringung jenes Säftchens, da die Dame durch ihre Triumphe wohl über alle Arzeneien hinaus ist.

Daß Sie fleißig gewesen sind, freut mich; ich wünsche der Darstellung alles Heil; die Zusendung des Stücks wird mir höchst lieb und werth sein, und ich werde nach meiner Art Ihnen ganz ausführlich meine Meinung darüber schreiben. In der Gunst des Augenblicks sind Sie auf einen sehr guten Weg gekommen; die Verirrungen werden mir, wie ich gewiß hoffe und erwarte, das Fortschreiten bestätigen. — Nachdenken und Erfahrung haben mich belehrt, daß das Familienstück die eigentliche deutsche Form ist, nicht das, wo die Familie als ein Conglomerat von Hunger und

Kummer, Seufzen und Heulen genommen wird,
sondern das, welches die Familie in ihren Bezie-
hungen, in ihrer feinsten und innigsten Bedeutung
aufzufassen weiß. Gerade jetzt, wo das ältere
Gefühl der Familie Abschied zu nehmen beginnt,
ist es vielleicht die Zeit, welche das ächte deutsche
Familienstück gebähren wird, nach dem bekannten
Satze, daß der Poesie anheimfällt, was im Leben
untergeht. In dieser Hinsicht sind die freilich
schwächlichen Versuche der Sächsischen Prinzessin,
und ist der Beifall, den sie finden, beachtungswerth,
und ein Kundiger merkt auf solche Zeichen.

Was das Heroische und Mythische anbetrifft,
so habe ich über die Form, in der es auf deutschen
Brettern Wurzel fassen könnte, meine eignen Gedanken, die aber freilich für einen Brief zu weitläuftig sind.

Wenn ich gesagt habe, das recitirende (nicht
rhetorische, denn das ist schon ein Auswuchs) Element sei heut zu Tage besonders zu cultiviren, so
meine ich damit nicht, es könne, einseitig ausge-
bildet, erfreuliche Resultate geben, vielmehr finde
ich mit Ihnen die Güte der Darstellung auch nur
in der vollkommenen Einigung und Durchdringung
des Recitirenden mit dem Mimischen. Allein, weil

Letzteres mit dem Sinken der Kunst sich auf Kosten
des Ersteren erhoben hat (begünstigt durch geniale
Manieristen, wie Ludwig Devrient, begünstigt
durch die schlechten Stücke, worin das Wort das
Geringste ist), weil die Kunst der Rede (sehr ver=
schieden von declamatorischer Schönrednerei, die ich
verabscheue) fast verloren ging, so muß von Jedem,
der jetzt die Sache wieder am rechten Ende anfas=
sen will, der Accent vorläufig auf die Ausbildung
der Rede gelegt werden. Haben wir hierin erst
einmal wieder, so zu sagen, die Grammatik er=
obert, dann werden sich auch wieder die Talente
finden, die, wie die Tradition von Schröder lautet,
alle Bestandtheile der Kunst zu einem großen, be=
wundernswerthen Ganzen zusammenzufügen wissen.

Ihre Klagen sind sehr gerecht; wer klagte nicht
mit, dem es um die Sache Ernst ist? Kunstschu=
len! — — Ja freilich sind Schulen nöthig für die
schwerste aller Künste, aber durch Monsieur tel
et tel, Madame telle et telle werden sie nicht ge=
stiftet, wenn sie junge Leute noch mit ihren Ange=
wöhnungen und Manieren anstecken. So läuft denn
Alles auf eine wahre Empirie hinaus, zusammen=
gestoppelt in schläfrigen, nachlässigen Proben, am
Abend dreist hinter den Lampen hazardirt. Respect

vor dem Gedichte! — — Dann gebe man aber
auch Sachen, vor denen sich Respect haben läßt.
Ich gestehe Ihnen, wäre ich Schauspieler, ich würde
auch längst allen Respect vor Theodor Hell und
Raupach eingebüßt haben.

Der eigentliche Sitz des Uebels, mein werther
Freund, sind die Leitungen. Die Schauspieler sind
wohl noch herumzukriegen, wenn Jemand von Fach
ihnen Etwas sagt, und dieser ihnen mit dem Bei-
spiele der Anstrengung und Selbstverleugnung vor-
angeht; das Publicum hungert eigentlich nach
einem guten Theater, aber die respectiven Directionen und Intendanzen sind nirgends (versteht sich,
mit Ausnahme der Berliner) einen Schuß Pulver
werth.

Düsseldorf ist eine so ungebildete, in Wein und
Oberflächlichkeit versunkene Rheinstadt, wie Eine,
ich hatte bei meiner Gesellschaft so launenhafte und
eigensinnige Subjekte, wie sie überall sich finden;
sie mußten in der letzten Zeit ungeheuer arbeiten,
und am 16. März Julius Cäsar, am 22. Iphige-
nia, am 31. Griseldis neu herausfördern, neben
dem inzwischen auch neu einstudirten Kean und zwei
Wiener Possen, die Proben dauerten nicht selten
bis Mitternacht, nie hatte ich Einem ein gutes

Wort gegeben, ich hatte überwiegend oft contre
vent et marais der beliebten Lumpenrepertoirs ge-
steuert, König Johann, Blaubart, Richter von Za-
lamea, Schroffensteiner, Prinz von Homburg, Tochter der Luft (Original), Wunderthätiger Magus,
Alexis, Hofer, geben lassen: und als ich schloß, da
sagten die Schauspieler, mit Ausnahme von zweien
oder dreien, sie wollten gern trocken Brod essen,
wenn sie nur hier bleiben könnten, und die Düsseldorfer wollten wieder 6000 Thlr. für das Theater
zusammenbringen, nachdem sie in 2½ Jahren 16000
Thlr. zugeschossen hatten.

Wenn sich unter den allerungünstigsten Umständen ein solches Feuer anfachen läßt, warum sollte
es denn an anderen Orten, wo die Verhältnisse
viel besser sind, nicht gehen?

Dieser Brief ist überlang geworden; der Gegenstand hat mich hingerissen. Ich fühle zu tief,
was Deutschland entbehrt, seit sich seine Bühne
auf eine so geringe Weise hinhält, und sehe eine
gewisse Ernüchterung und Vermagerung unseres
socialen Zustandes in naher Verbindung mit diesem Unglücke. Keine Kunstvereine und Kunstaus-
stellungen, keine Musikfeste, nicht Eisenbahnen und
sonstige Gemeinnützigkeiten vermögen das tiefsinnige

Gedankenschauspiel einer großen poetischen Bühne und ihre wohlthätig=abstringirenden Wirkungen auf die menschliche Schlaffheit zu ersetzen. Wie nahe liegt nun das Bessere, wie leicht wäre es zu ergreifen, wenn man sich zu einem edlen Entschlusse zu erheben vermöchte. Aber man denkt und fühlt leider gemein und deßhalb ist man mit sehenden Augen blind.

Leben Sie wohl, verehrter Freund. Wenn Sie mir wieder schreiben, so würde ich gern die Fabel der Geschwister in extenso vernehmen.

Der Ihrige

Düsseldorf den 16. Novbr. 37.

Immermann.

In Franks Taschenbuch dramatischer Originalien steht eine Arbeit von mir über Grabbe. Haben Sie sie gelesen? — Ich bereite jetzt die Abfassung meiner dramaturgischen Erinnerungen vor, die ich überall mit der Geschichte des Theaters überhaupt in Verbindung setze. Ich möchte gern sämmtliche Ifflandsche Theateralmanache und Gothaer Theaterkalender nachlesen, kann sie aber hier nicht auftreiben. Können Sie sie dort bekommen und möchten Sie so freundlich sein, sie mir zu sen=

den? Für pünktliche und rasche Rücksendung bürge ich. Auch Löwen, Geschichte des Deutschen Theaters und Plümicke's Geschichte des Berliner Theaters möchte ich gar gerne haben. Mit Freuden bin ich Ihnen wieder gefällig wo ich kann.

An Häring meinen Gruß. Er soll doch schreiben, wenn auch nicht mit der Verve jenes Abends. Sehr würde ich mich freuen, wenn der Brief sich wiederfände.

6.

Längst hätte ich Ihnen auf Ihren inhaltreichen Brief antworten sollen, verehrter Freund; der Dämon, der so manchen Baum am Wachsthum hindert und überhaupt sich zwischen so Vieles in der Welt schiebt, hat auch diese meine Zeilen verzögert. Nun begrüße ich Sie im neuen Jahre, welches uns beiden ein leibliches werden möge! mehr darf der Mensch vom Schicksal nicht wünschen und erbitten. Was zuvörderst Ihre Bemerkungen über die Pantomime im Hamlet betrifft, so sind hier noch einige Gründe dafür:

1) Es ist ganz in Hamlet's grausam-grübelnder Sinnesart gegründet, den Oheim bei langsamem Feuer zu schmoren, und ihm daher die Qual in

zwei Dosen einzugeben. Da er über Alles bis zum Uebermaaß reflectirt, so kann und wird er so reflectiren. Bei einer Vorstellung der Sache kann der in der Heuchelei bis zur Virtuosität geübte Bösewicht sich vielleicht noch zusammennehmen, zwei hält er aber schwerlich aus.

2) Nur er will Gewißheit haben, ob der Oheim seinen Vater ermordete. Diese Gewißheit erlangt er aber schon, wenn das Gewissen sich bei der Pantomime regt, der König da schon die Darstellung stört. Er setzt also durch dieselbe keinen Erfolg auf das Spiel, sondern er beschleunigt denselben nur möglicherweise.

So viel, um die Sache aus dem Charakter der Hauptperson zu rechtfertigen.

3) Daß vornehme Personen, besonders von dem Schlage der beiden Dänischen Majestäten, ganze Akte verplaudern können — das, mein verehrter Freund, haben Sie gewiß selbst zu Ihrem Verdrusse oft genug wahrgenommen. Gerade die Wahrheit der Scene, ich möchte sagen, das Abandon derselben gewinnt unendlich durch diese ganz natürliche Unachtsamkeit von König und Königin, durch das stumme, verdrießliche, agitirte Spiel Hamlets mit Horazio — da er die Spitze seiner

Absicht zur Hälfte abbrechen sieht, durch Polonius
Talleyrandartiges Vorsichhinsehen, so wie er die
Vergiftung sieht (da man annehmen kann, daß in
ihm wenigstens ein Argwohn über die unnatürliche
Todesart des alten Königs aufgestiegen ist) und
durch Opheliens ganz unbefangenes Anschauen der
Pantomime. Lauter Contraste, die richtig gegriffen und lebendig ausgeprägt, der Dichtung gerade
bei dieser Scene bis in das tiefste Herz blicken
lassen.

4) Nicht der präcipitirte, sondern der langsam
vorbereitete Effect ist der poetisch wirksame. Man
muß ein Motiv langsam heranschreiten sehen, um
seine ganze drastische Wirkung zu empfinden. Es
ist daher kein Grund zur Besorgniß vorhanden,
daß die Zuschauer sich durch die Pantomime er-
kälten lassen werden, wenn die Scene nur den an-
gedeuteten Intentionen gemäß, bis in das Kleinste
beseelt wird.

Hier hat der Erfolg für meine Ansicht entschieden. Freilich machte es aber auch ein Jeder
genau so, wie ich es angegeben hatte. Es muß
sich nun ein Jeder nach seinem Terrain richten, und
da ich glaubte, daß die dortigen großen und selbst-
ständigen Künstler kein so nachgiebiges, für derar-

tige poetisch-psychologische Ensemblescenen darbieten,
so halte ich es selbst für bedenklich, daß Sie das
Schicksal einer Haupscene durch die Pantomime
exponiren, die ihr in jedem Falle nur eine schärfere
und geistreichere Betonung verleiht, nicht aber von
eigentlicher Rothwendigkeit ist.

Wenn das von mir angegebene Arrangement
der Schauspielscene dort adoptirt wird, so haben
Sie doch die Güte, es mich wissen zu lassen. —
Interessirt es Sie überhaupt, von manchen hiesigen Arrangements in bedeutenden und großen Werken Kunde zu erhalten, so bin ich jederzeit mit
Vergnügen erbötig, Auskunft zu ertheilen.

Ueber das Verhältniß des recitirenden Mo-
ments bei der Darstellung wären wir jetzt wohl
einig. Es ist nie meine Meinung gewesen, aus
den Schauspielern Rhetoren und Declamatoren zu
machen, aber da die Recitation heutzutage verhält-
nißmäßig noch tiefer im Argen liegt als die Action,
so muß bei der Methode, bei der Propädeutik mehr
auf jene als auf diese gewirkt werden.

Das Scenar der Geschwister (wofür ich Ihnen
sehr dankbar bin) gewährt den Einblick in ein
Stück, welches mit so manchem Erzeugniß der Gegenwart in einer Art von Zusammenhang zu stehen

scheint. Nämlich etwas schon längst Dagewesenes,
aber mit modernen Flittern behangen. — So kann
man Vieles, was jetzt entsteht, bezeichnen. Nach
Ihrer Mittheilung zu schließen, ist es gewiß ein
vortreffliches Theaterstück, aber die Region der Familie, die ich durch Dramen erleuchtet zu sehen
wünschte, trifft es doch nicht.

Machen sich denn wirklich die Katastrophen in
der Familie immer und immer nur durch Geld und
dessen Mangel? Gewiß nicht. Ich will, wenn mir
das Theater jetzt Muth macht, noch fortzuarbeiten,
ein Familienstück schreiben, worin der Name Geld
nicht vorkommen soll.

Für die Nachricht über die Besetzung der Opfer
des Schweigens danke ich Ihnen nicht minder.
Traurig ist es, daß die Wolf die Oberhofmeisterin
nicht spielt, für die sie recht eigentlich geschaffen
war. Welcher unfreundliche Eigensinn, eine Rolle
abzulehnen, deshalb, weil sie aus einer Tragödie
ist, obgleich sie weniger Anstrengung erfordert als
gewiß manche, die sie im Lustspiele spielt! Auch
daß die beiden Hofdamen in, wie es scheint, ziemlich untergeordneten Händen sind, ist mir gar nicht
recht. — Ihre Bemerkung über die Schwierigkeit
der Reden des Guiscardo finde ich ganz richtig;

ich glaube aber, daß ich darin, wie ich seine Rede gebildet, keinen Fehler begangen habe. Guiscardo ist überdrängt, überwältigt von dem einzigen Eindrucke, den die Prinzessin auf ihn gemacht; die ganze Dichtung beruht auf der einzigen Gewalt dieses Eindrucks; in solchen Stimmungen gehorcht aber das Wort nicht, ein Bild überfluthet das andere, die Empfindung zersprengt, wie Sie treffend sagen, die Form. Der Darsteller muß hier nicht schöner oder vielmehr nicht eleganter sein wollen als das Gedicht, zuweilen kann ein abrupter Vortrag, ein Ausgehn der Stimme richtig angebracht sein.

In Weimar bereitet man jetzt die Darstellung vor. Es wäre mir aber sehr lieb, wenn eine große Bühne, wie die Berliner, voranginge. Lieb, nicht bloß aus ideellen, sondern auch aus manchen gewichtigen materiellen Gründen. Ende Novembers waren die Rollen vertheilt. Wie ist es, wird es nun nicht bald gegeben? Haben Sie die Güte, verehrter Freund, einmal wieder anzustoßen. Die Sache schläft sonst sacht wieder ein, ich kenne das schon.

Ich habe die unbegreifliche Bettse begangen, Ihnen jüngsthin einen dicken Brief unfrankirt zu senden. Nehmen Sie es nicht übel, mein Geist hatte Ihnen die Ausgabe nicht zugedacht, der Feder ist das fr. in der Spalte stecken geblieben.

Aufrichtig

ergeben

Düsseldorf den 11. Januar 1838.

Immermann.

7.

Verehrter Freund!

Ich wollte anfangs meine Antwort auf Ihren Brief vom 14. d. M. bis zum Eingange weiterer Nachrichten über die 2te und 3te Aufführung meines Stückes verschieben, die erst definitiv für mich die Sache abschlössen, da ich aber gestern in der Staats-zeitung bis zum Mittwoch den 24ten noch keine zweite Wiederholung angezeigt gesehen habe, so will ich nicht länger zögern. — Nehmen Sie zu-vörderst meinen besten und herzlichsten Dank für Ihre Mühwaltung und Sorgfalt, die Sie im In-teresse des Werks aufgewendet haben. Als Sach-kenner weiß ich Ihre Freundschaftsdienste gewiß ganz zu würdigen. Die Modificationen, die Sie getroffen haben, billige ich durchaus; dergleichen,

wovon Sie schreiben, läßt sich freilich erst an Ort
und Stelle recht einsehen. Ich wünsche, daß Sie
für die Wiederholung so viele Striche gemacht haben, als Ihnen nur nöthig erschienen. Ich war
in solchen Dingen auch nie difficil, da man sich
für die Aufführung nach den vorhandenen Kräften
richten muß. Was die Sache selbst betrifft, so ist
zwar in einem so verwickelten Seelengemälde, worin sich eine mit sich selbst im Unklaren befindende
Prinzessin aus allen Schlingen der Convenienz in
die reichste tragischste Gemüthswelt hineinrollen soll,
im 4. und 5. Akt nicht ein Wort zu viel, allein
freilich erfordert auch diese Seelenveranschaulichung
einen Reichthum innerer geistiger Mittel und Nüancen, wie sie denn doch wohl schwerlich dort ganz
vorhanden gewesen sind. Ghismonda kommt in ihrem
Schmerz zum ersten Male in den Besitz ihrer Seele,
sie soll, wie eine schöne Musik, nicht müde werden,
in diesen süßklagenden Tönen zu schwelgen; wo
nun aber Saiten fehlen zu so reichen Melodien
und statt deren Monotonie entsteht? — Und die
erste Sorge muß jetzt sein, das Stück auf dem
Repertoir zu erhalten. So wünsche ich auch, daß
Sie den schwachen Aretin zusammenstreichen, wie
nur möglich. Mißfällt die Schlußscene des 3. Akts,

so veranlassen Sie gefälligst die Aenderung nach
beifolgender Variante der ersten Redaction. Daß
Aretin, wenn die Sachen nicht ganz im ebenen
Geleise gehen, das Volk aufwiegeln will, hat er
Akt II schon angedeutet; der Aufruhr Akt V kommt
also auch ohne die jetzige Schlußscene nicht un-
motivirt, wenigstens für ein Theaterpublikum von
jetzt.

Also Dank für alles Gethane und Vollmacht
zu allem noch zu Thuenden. So weit reichen meine
reinen Empfindungen. Der übrige Inhalt Ihres
Briefes hat freilich sehr gemischte bei mir hervorgebracht. — Den 11ten sollte das Stück gegeben
werden, und den 6ten die erste Probe sein; es ist
zu arg! Weiß man denn gar nicht mehr, was zur
Einübung eines Werks, welches sich denn doch
ganz diametral von der gangbaren Waare unterscheidet, gehört? Drei Proben, ohne Special-Vor-
proben der einzelnen Theile! Ist das Achtung für
Gedicht und Dichter? Und nun gar ein Regie-
wechsel während der Proben und eine Haupt-
Rolle (Aretin) schlecht besetzt! In der That, ich
bin erstaunt.

Und nun die Nachrichten über die Aufnahme!
Wenn sonst drei Darsteller in einem Stücke her-

vorgerufen wurden, so war dies ein Erfolg; ist
das nun jetzt kein Erfolg mehr? Ich bin ganz
irre, verstehe die Menschen und die Dinge in die=
ser Beziehung nicht mehr. Die Zeitungen haben
dann auch schon das Ihrige gethan, zu verderben,
was möglich war. Die Voßische lobt mich auf
Kosten der Schauspieler; die Hamburger die Schau=
spieler auf meine Kosten. Beides ist gleich unred=
lich. Das Richtige war, dem Institute dafür zu
danken, daß es an eine Aufgabe neuer Art seine
Kräfte gesetzt hatte, und es aufzumuntern, sich durch
mißstimmige Bestandtheile des Publikums nicht irre
machen zu lassen. Denn nur dadurch, daß die
Bühne wieder, wie in früherer Zeit, poetische
Werke, die vor der Hand nur ein gewähltes Pu=
blikum für sich haben, mit Consequenz festhält, kann
ihr nach und nach wieder aufgeholfen werden.

Ich bitte Sie, verehrter Freund, mir über diesen
Punkt klaren Wein einzuschenken. Wird die Ber=
liner Bühne jene Consequenz üben und das Stück
auf dem Repertoir halten, d. h. es nach den ersten
drei Aufführungen etwa noch 1 — 2mal in diesem
Winter geben, oder wird es zurückgelegt werden?
Ich bin in großer Unruhe hierüber seit acht Tagen.
Jedenfalls wird mir besser werden, wenn ich Ge=

wißheit erhalte, sei sie auch, welche sie wolle. Legt man das Stück zurück, so ist damit meine dramatische Laufbahn geschlossen, ich habe mir für diesen Fall selbst das Gelübde gethan, nie wieder in dieser Sphäre zu arbeiten, da ich dann endlich einsehen muß, daß meine Art und Weise und die jetzige Gestalt der deutschen Bühne nicht zusammenpassen.

Ich kann Ihnen heute über nichts Anderes schreiben, ich bin zu zerstreut und verstimmt. Wenn die Angelegenheit mit den Opfern des Schweigens erst feste Gestalt für mich gewonnen hat, dann wird sich auch schon wieder Lust und Muth zu andern Mittheilungen finden.

Aufrichtig

der Ihrige

Düsseldorf den 27. Januar 1838.

Immermann.

8.

Recht herzlich danke ich Ihnen, mein verehrter Freund, für die guten Nachrichten, die Sie mir gegeben haben, und zu denen Sie sich in Ihrer freundlichen Gesinnung für mich unter dem Drucke häuslicher Leiden Zeit und Mühe nehmen mochten.

Schlimm, daß der, wie es scheint, im Steigen be=
griffene Erfolg nun wieder nicht benutzt werden
kann, und so die Aussicht, daß er sich consolidir'
und etwas Traditionelles werde (worauf unendlich
viel in allen Bühnensachen ankommt) wieder hin=
ausgerückt wird. Welch eine Verwaltung aber,
unter der die erste Liebhaberin zweimal im Jahre
auf Reisen gehen kann! — Im Ganzen giebt mir
der wachsende Antheil des Publikums, den alles
Geschreibe der Journalisten und Correspondenzler
nicht hat hemmen können, einen erfreulichen Recht=
fertigungsgrund für meinen alten Glauben an ein
ursprüngliches Gefühl in dem Menschen, welches
sich selbst unter ungünstigen Umständen, die dort
allerdings walten, Bahn bricht.

Welche Niederträchtigkeit haben jene Menschen
diesmal an mir geübt! Wie haben sie ordentlich
darauf studirt, jedem zunehmenden Verständnisse
und Befreunden giftig in den Weg zu treten. Und
das Abscheulichste war bei allem dem, daß ein
Theil dieser infamen Canaillen noch gar eine Art
Larve von Pietät vor das Gesicht nahm, und so
that, als schmerze es sie um meinen Ruf und ihre
schönen Erwartungen, daß ich ein so gar schlechtes
und gehaltloses Stück geschrieben habe. — Sie

sehen, mein Freund, aus dieser stürmischen Expec-
toration, daß ich noch immer meines Unmuthes
nicht habe Meister werden können. Wirklich hat
mich lange nichts so verdrossen, als diese Depra-
vation des öffentlichen Urtheils, welche ich bei der
Gelegenheit kennen gelernt habe. Man ist auf
dem Theatergebiete jetzt in der Beziehung zu sehr
in den Händen der Schlechten. Ich gehöre nicht
zu den Autoren, welche bei ihrer Arbeit beständig
mit dem Auditorio Blick und Miene wechseln, in
gewissem Sinne kann ich von mir sagen, daß mir
nur die Muse befiehlt und die kokette Berechnung
des Erfolgs ist mir gewiß ganz fremd; allein mich
umsteht doch, bei der Arbeit, wie eine zarte Schat-
tengestalt das Bild einer schönen Menschheit, welches mich kräftiget und ausdauern macht, und dieses zarte geistige Bild ist mir durch die anfängliche
Unempfänglichkeit des Publikums und die Polisson-
nerie der Journale vielleicht auf lange hin zer-
schlagen worden.

Sie sehen, das ist Verstimmung, und ob sie
einer Stimmung dermaleinst wieder Raum geben
werde, muß dahin gestellt bleiben. Für jetzt habe
ich die Pläne, an denen ich nach den Opfern des
Schweigens zu arbeiten, mir in Fröhlichkeit vorge-

fetzt hatte, weit hinweggeftellt und mich zu andern Dingen gewendet.

Ihre Verkürzungen find gewiß fehr zweckmäßig gewefen. Nach Weimar, wo fie das Stück geben werden, habe ich dem erften, dem Berliner gleichen Exemplare ein zweites nachgefendet, über deffen verkürzte Geftalt Sie erftaunen würden. Ich habe darin alle Ornamente weggeftrichen und das Ganze auf die äußere, greifliche Handlung gebracht. Auch heißt in diefem Buche das Stück Ghismonda, damit die Leute gleich wiffen, daß auf ihrer Figur das Hauptintereffe der Fabel beruhe, und diefe nicht vorbei fei, wenn Guiscardo erftochen ift.

Genug davon. — Was mir ausnehmend lieb gewefen ift zu vernehmen, war die Nachricht, daß es mit Ihren „Verirrungen" fo gut gegangen ift. Ich habe nach Ihrer „Gunft des Augenblicks" die beften Hoffnungen für die Fortbildung des feineren Converfationsftücks von Ihnen gefchöpft, und freue mich, daß diefelben fich durch den neuen Erfolg beftätigen. In dem ruhigen, ich möchte fagen unfchuldigen Auffaffen einfacher deutfcher Motive, wie es mir in jenem Stücke entgegentrat, lag für mich etwas fehr Anmuthendes. Das deutfche Leben ift für das moderne Drama gar nicht fo arm

an Stoff, wie man es hat machen wollen, eben
die Isolirung des Deutschen schafft noch mehr
eigenartige Charaktere und Situationen an, als
dies vielleicht bei andern Nationen der Fall ist,
nur hält sich Alles bei uns mehr in einer mit Ernst
gemischten Mitte, und die Innerlichkeit bleibt ein
entscheidendes Kennzeichen deutscher Naturen, deshalb werden die Productionen dieser modernen
Sphäre immer mehr bei uns auf Seelengemälde
hinauslaufen und das Intriguenstück oder das stark-
gezeichnete Lustspiel wird uns stets ferner stehen.

Lassen Sie mich ja das neue Stück haben, so-
bald es gedruckt sein wird. Ich freue mich darauf,
es zu lesen, und darüber mit Ihnen zu verhandeln.

Möchten die Dinge, welche Sie bedrückten, als
Sie schrieben, ein leiblicheres Antlitz zeigen, wenn
Sie diesen Brief empfangen!

Aufrichtig

Düsseldorf   der Ihrige
den 6. März 1838.

Immermann.

9.

Ich hoffe von dem Scheine der Undankbarkeit,
der auf mir in Ihren Gedanken lasten muß, schon
jetzt bei Ihnen befreit zu sein, da Sie vermuthlich

doch wohl schon vom Souffleur Wolf wissen, daß
ich die „Verirrungen", welche Sie mir gütigst im
März zusendeten, erst vor einigen Tagen erhalten
habe. Ich habe das Stück, für dessen Uebersendung ich Ihnen jetzt meinen unverschuldet ver-
späteten Dank abstatte, mehre Male gelesen, und
bedaure vor allen Dingen nichts mehr, als daß ich
es nicht mehr auf meiner Bühne mir vorspielen
lassen kann, da es sich scenisch gewiß vortrefflich
macht. — Ich habe sehr viel daran zu loben und
Einiges zu tadeln. Zu loben finde ich erstlich,
daß Sie diese Idee gerade aufgefaßt haben, da sie
eine fruchtbare und tief in die Zeit sich verwur-
zelnde ist, bei deren ganzen Entbindung (nämlich
bei der Entbindung der Zeit) es vielleicht, wenn
eine gute Geburt unsern Nachkommen zu Statten
kommen soll, eben so viel darauf ankommt, daß
ein richtiges Verhältniß der Geschlechter hergestellt
oder gefunden, als daß die passendste Staatsver-
fassung entdeckt wird. Mariane ist gründlich behandelt und auf wohlverdiente Weise zur Peripetie
und Catastrophe des Charakters geführt worden;
besonderes Lob verdient in der Charakteristik ihre
outrirte Ländlichkeit, und dann daß sie nicht kochen
kann, und ihre Stickereien keinen Abgang finden.

Dieses sind Züge, die neu sind und Ihnen allein angehören. Born ist brav gehalten und der alte Engelhaus ein kleines Cabinetstück. Ja so sind sie, die edlen Preußischen Aspiranten des rothen Vogels! Relling ist auch gut, in der endlichen Durchgeherei etwas forcirt; mich dünkt, hier war noch ein feinerer diplomatischer Ausweg zu finden, freilich schwer, da der 5. Akt rasche Abwickelung verlangt. Lieutenant Lorbeck ist mit zwei Worten hingestellt, wie er leibt und lebt. Dagegen finde ich im alten Haber zu viel bekannte Poltertöne.

Im Ganzen haben Sie die enge bürgerliche Sphäre, worin sich das Stück bewegt, mit Gelenkigkeit behandelt, den Verfall der Familie nicht mit drückender Detailmalerei ausgepinselt, und dafür muß man Ihnen wieder sehr danken. Soll ich mein Gesammtlob zusammengefaßt aussprechen, so muß ich sagen, daß es ein echtes Deutsches Zeitgemälde ist. Die Form ist gebildet und ziemend.

Mein Tadel bezieht sich theils auf Seiten des Ganzen, theils auf Einzelnes. — In ersterer Hinsicht habe ich eine Aversion gegen diese gemachte, mit geborgtem Champagner sich behelfende und Psalmen von Marcello nach Tische verlangende Berlinerie. Sie ist eine entschieden unangenehme

Pflanze, um so unangenehmer, je wahrer sie dargestellt wird, wie in Ihrem Stücke geschieht. Mariane in noblerer (immerhin bürgerlicher) Sphäre,
und in naturwahrerer erwachsen, hätte selbst noch
einen nobleren Wurf bekommen. Es bleibt der
gelinde Zweifel am Ende des Stücks mir noch, ob
la femme libre, aus diesem Boden der Schwäch-
lichkeit und Selbabschwächung entsprossen, gründlich geheilt werden könne, und ob die Bekehrung
mehr als ein Anstoß — a fit — sein wird. —
Dann thut doch das Geld noch zu viel Dinge in
Ihrem Werke — ich wünschte einmal die bürgerlichen Verwickelungen ohne Geld dargestellt — wie
es möglich ist — und wünschte es von Ihnen.
Daß die jetzigen Familienverhältnisse weit weniger
auf dem Gelde rouliren, als der Schein es zu
lehren sich das Ansehen giebt, folgt schon aus dem
einfachen Satze, daß Geld bei der ins Enorme
gesteigerten Industrie weit leichter sich jetzt verdie-
nen läßt als früherhin, mithin also auch in seiner
Wichtigkeit für die Verhältnisse eine Entwerthung
erlitten hat. Die weitere Ausführung dieser Gedanken, die mir lieb sind, würde freilich den Raum
eines Briefes überschreiten.

Diese Tabel sind eigentlich keine, denn es müßte erst ein Stück, wie ich es vor Augen habe, geschrieben sein, um Ihnen Etwas vorwerfen zu dürfen. Es sind also mehr pia desideria.

Nun im Einzelnen.

Mariane muß in der Expositionsscene sich au fond tüchtig und brav zeigen; das haben Sie sehr richtig gefühlt. Dazu ist mir nun die Rede: Immer, immer würde ich so empfinden u. s. w. etwas zu gewöhnlich. Ich wünschte hier etwas originellere und feinere Aeußerungen.

Die Täuschung über die Gefühle des jungen Haber Akt II ist, wie ich glaube, etwas zu sprungweise herbeigeführt; einige vermittelnde Striche würden hier die Natürlichkeit desselben erhöhen. Akt 4 pour prendre congé de l'amour — pour prendre congé de la vie ist mir ein wenig zu comödienmäßig, obgleich ich wohl weiß, daß dergleichen stets wirkt.

Christoph und Lenchen müssen allerdings Akt 4 kommen. Allein die Sentimentalität dieser Scene ist etwas zu aufgetragen, und die Martinsgänse (begleitet von Thränen) hätte ich auf die Gefahr Ihres Zornes ohne Gnade gestrichen, wenn ich das Stück hier hätte geben lassen.

Mich dünkt, durch die Hingebung Marianens an Nelling in einem leidenschaftlich aufopfernden Momente war das Maaß ihrer Correction erfüllt. Daß sie darin beharrt, daß sie nicht schon vor Borns Eintritt sich sittlich aufrafft und den Entschluß ankündigt, von dem schlechten Bündnisse zurückzutreten, dadurch sinkt mir der Charakter zu tief. Der Verkauf muß ihr freilich bekannt werden (noch weiß ich zwar selbst nicht, durch welchen geschickt intervenirenden Zufall?) allein ich glaube, daß dieses Motiv poetischer wäre, wenn sie eben ihn, als den äußersten eventuellen Fall, wohin es mit ihr auch noch hätte kommen können auf ihrem Wege, anschaute. Ich meine nämlich Folgendes. Sie darf dann sagen, dieser Schimpf trifft mich nicht, denn in dem Augenblicke, wo N. mich erkaufte, hatte ich in meinem Entschlusse schon aufgehört, seine Waare zu sein, ich sehe aber, was meiner Freiheitsliebe auch noch werden konnte.

Ich weiß wohl, daß dergleichen Wendungen der heutigen Bühne nicht munden, da sie die etwas holzschnittmäßigen Wendungen liebt. Indessen feiner bleibt feiner.

Dann sehe ich auch recht wohl ein, daß dann nichts als Körbe von Seiten Marianens vorkom=

men, was für die Mannigfaltigkeit der Handlung
schlimm wäre, dennoch aber will sich meine Meinung hierdurch nicht umstimmen lassen.

Ich habe diese Bemerkungen flüchtig hingeschrie-
ben, wie sie in mir entstanden, was Sie schon der
eiligen Handschrift ansehen. Sie sind also wenigstens Ergebniß unmittelbarer Eindrücke. Halten Sie
mein Lob für aufrichtig und nehmen Sie mir den
Tadel nicht übel, und lassen Sie bald wieder etwas von Sich hören.

Aufrichtig

ergeben

Düsseldorf den 14. August 1838.

Immermann.

10.

Sie haben mich schon so weit kennen gelernt,
mein verehrter Freund, daß Sie wissen, ich gebe
Verhältnisse, die mir Geist und Herz innig berüh-
ren, nicht leichtsinnig Preis. Deshalb wird Ihnen
mein überlanges Schweigen zwar unangenehm gewesen sein, es wird Sie aber nicht irre an mir
gemacht haben. Meine Versäumniß hatte zwei
Ursachen: meine neue Häuslichkeit und dann eine

äußerst schwierige Arbeit, die mir Gedanken und
Sinn im strengsten Bann gefesselt hielt den ganzen
Winter hindurch. Die letztere Ursache bezeichne ich
Ihnen nachher noch genauer; was die erste betrifft,
so habe ich die Erfahrung gemacht, daß die Ehe
in ihren ersten Zeiten zu sehr den ganzen Menschen durchbringt, als daß er gleich den Blick wie
sonst über sein Haus hinaus zu richten vermöchte.
Was hätten Ihnen einige flüchtige Zeilen genützt,
zu denen ich nur Muße und Stimmung gehabt
hätte? Haben Sie herzlichen Dank für Ihren freundlichen Glückwunsch! Es ist ein wahres und großes
Glück, daß sich noch so spät dieser Segen in meinem Leben einstellte, noch gerade an der letzten
Grenze und zur rechten Zeit. Möchte ich Ihnen
doch nur etwas Anderes dagegen bieten dürfen,
als mein inniges Beileid zu Ihrem Verluste! Glauben Sie mir wenigstens, daß ich jetzt doppelt im
Stande bin, so Etwas zu fühlen.

Ihr Buch über Paris, was Sie so gütig waren mir zu schicken, habe ich mit regem Interesse
gelesen. Es hat aufs Neue in mir den Wunsch
entzündet, diese Weltstadt, die ich nur als unreifer
Jüngling sah, jetzt zu besuchen, aber mir auch den
Eindruck nachgelassen, daß mir gleich Ihnen der

Aufenthalt dort ein Geschäft und ein Studium,
nicht aber ein eigentlicher Genuß sein würde. Was
Sie über die Rachel sagen, giebt mir nun endlich
ein Bild von dieser merkwürdigen Persönlichkeit,
von der mir früher widersprechende Berichte keinen
rechten Begriff zukommen ließen. Vielleicht ist eine
so herbe, scharfe, unsanfte künstlerische Individualität gerade der rechte Ausdruck der jetzigen fran-
zösischen Geister, und ihm am meisten eignend.
Sehr merkwürdig ist mir auch gewesen, was Sie
von der Art, wie die Franzosen neue Stücke einstudiren, erzählen. Mag ein solches Verfahren
unendlich viel Zeit erfordern, so ist diese Methode
der vollkommenen Socialität doch wohl eines der
Mittel, wodurch sich bei ihnen die Schule erhält,
die uns nach und nach ganz abhanden gekommen
ist. Denn die Schule in der scenischen Kunst beruht hauptsächlich darauf, daß der Darsteller nie
und unter keiner Bedingung sich der Einsamkeit
ergiebt, welche die andern Künste zu ihrer Aus-
übung mehr oder weniger erfordern, sondern im-
merdar als Glied eines Ganzen, einer Mitgenos-
senschaft sucht, versucht und wirkt. Sie sprechen
den Wunsch aus, daß ein Fürst eine Akademie der
Darstellung gründen möchte, und hoffen von einer

solchen die Regeneration der Kunst. Lieber Freund,
da kann ich Ihnen nicht beistimmen. Die dramatische Kunst hat, wo sie blühte, unter dem Hauche
der Freiheit entweder, oder belebt von dem Höchsten,
was gerade in der Zeit war, sich entfaltet. Die
Freiheit war ihr Element in Griechenland und
England, wo Shakespeare der gekränkten Tochter
eines lasterhaften Vaters diesen zwar mit weiser
Schonung aber doch für jeden Kundigen kennbar
vorführen durfte. In Spanien lebte die Bühne
von den großen Ideen der Devotion, des Ritter-
und Königthums; Ludwig XIV, unter dem das
französische Theater seine Glanzperiode hatte und
zum größten Theil Nahrung aus dem Geiste, den
er seinem Hofe gegeben, zog, war mit allen Feh-
lern und Schwächen doch ohne Frage der hervor-
ragendste Mann der Nation. Ueberall also, wohin
wir blicken, durften in jenen begünstigten Zeiten
die Dichter das Beste, Aechteste kühn fassen und
darstellen; die Schauspieler wuchsen und erstarkten
an mächtigen Werken und nur so konnten sie wach-
sen und erstarken, denn der Künstler wird nur an
großen Aufgaben selber groß. — Wie steht es nun
bei uns? Unsere Fürsten sind sammt und sonders
Barbaren, und nicht ein Einziger meint es redlich

mit der großen Sache deutschen Geistes, wie es einst Karl August von Weimar that. Würde also ein academisches Institut unter dem Patronate irgendwelches der jetzigen deutschen Fürsten nicht sofort von der entnervendsten Hofluft durchzogen werden? würden seine Zöglinge sich an Werken bethätigen dürfen, in denen ein kühner und freier Geist die Geschicke der Könige und Völker enthüllt, oder überhaupt etwas giebt, was sich nicht im hergebrachten Geleise bewegte? Vielleicht ersteht uns einmal eine Bühne fern von den Einflüssen der Camarilla und der Lethargie der Majestät, auf dem Boden eines empfänglichen Publikums, in der begeisterte Kräfte republikanisch walten und Alles und Jedes versuchen, welche dennoch aber von einem dichtenden und ordnenden Geiste harmonisch zusammengehalten werden; und wenn eine solche Bühne ersteht, so wird von ihr aus nach und nach sich ein besserer Sinn verbreiten. Die Düsseldorfer Bühne war der Ansatz zu einer solchen; man ließ mich schmählich fallen, und ich kann nur wünschen, daß ein Glücklicherer unter glücklicheren Umständen vollbringe, was mir die Sterne versagten.

Der „Fabrikant" gehört zu den merkwürdigen Exponenten der Metamorphose, welche sich

gegenwärtig in der Poesie vollbringt. Vor dreißig
Jahren war die Phantasie die Individualität, die
allein berechtigte Potenz, die reale Wirklichkeit der
Dummen, Gemeinen; noch vor dreißig Jahren würde
man ein solches Stück für unmöglich gehalten haben.
Gegenwärtig strebt alle Poesie zum Realismus, sie
will sich finden in der Wirklichkeit, und dabei kommen
die Charaktere, welche sonst die Favoriten waren,
übel zu stehen. Sie haben wohl gethan, das Stück
zu übertragen, denn es ist in seiner Art vortrefflich,
obgleich die Art mir nicht die vortrefflichste zu sein
scheint. Denn die Heftigkeit der Reaction hat zu einer
gewissen renommistischen Auffassung des Gedankens
verleitet. Die Poesie hat sollen an einer doch zu
dürren Region nachgewiesen werden. Gut gespielt
kann das Stück den Erfolg gar nicht verfehlen,
den es ja auch schon dort, wie ich aus den öffentlichen Nachrichten sehe, gehabt hat. — Sonderbar
genug findet sich unter meinen Papieren der aus-
gearbeitete Plan zu einem bürgerlichen Schauspiel,
in dem ähnliche Gedanken die leitenden sind. Sogar ein Kaufmann und ein Maler kommt auch
darin vor. Ob es freilich jemals ausgeführt wird,
steht dahin, denn die dramatische Stimmung ist
mir vielleicht für immer vergangen.

Was Sie mir über Münchhausen gesagt
haben, hat mich recht erfreut. Das Werk hat
die seltsamste Genesis gehabt. Denn als die ersten
beiden Theile fertig waren, trat in meinem Leben
der Umschwung ein, der zu meiner Ehe führte, und
so schrieb ich die letzten Theile als ein verwandel=
ter Mensch. Der zweite Theil, den Sie am we=
nigsten mögen, hat auch sonst die wenigsten Freunde.
Ich selbst habe kein Urtheil darüber, ob das Miß=
behagen gerecht ist oder nicht. Sehr lieb ist es
mir, daß Sie auch die letzte Wendung, welche
Münchhausen erhält, getroffen hat, ich meine, da
ist mir Etwas geglückt, nämlich einem Irrwisch
dennoch Natur und Consistenz zu geben. In der
Idylle sehen Sie auch die Poesie an der Wirklich=
keit entwickelt und zwar an einer Wirklichkeit der
bescheidensten Art, an einem Westphälischen Bauern=
hofe. Die Mißheirath habe ich aus einem dop=
pelten Grunde nicht in der directen Linie herbei=
geführt. Einmal würde, wenn Lisbeths Herois=
mus allein und für sich die Sache zu Ende ge=
führt hätte, die bürgerliche Geschichte aus dem
weichen Elemente, aus den Halbtönen, die ihr
eignen, sich zu weit entfernt haben. Zweitens
wäre die Mißheirath dann unter zu günstigen, zu

sehr den gewissen Sieg für das Leben versprechen-
den Auspicien geschlossen worden. Und das sollte
sie nicht, sie sollte dem Paare eine Aufgabe bleiben,
an der es erst recht allen Gehalt seines Innern
zu entwickeln bestimmt war.

Wir haben hier vor acht Tagen ein interessan-
tes Problem gelöst, nämlich mit Dilettanten ein
Shakespearsches Lustspiel auf einer Nachbildung
der Altenglischen Bühne dargestellt. Davon dem-
nächst einmal; denn heute würde die Mittheilung
zu weitläuftig werden.

Ich wünsche, daß mein Brief Sie in heiterer
Lebenskraft trifft. Lassen Sie bald wieder etwas
von sich hören.

Die schwierige Arbeit, von der ich sprach, heißt:
Düsseldorfer Anfänge, und stellt unsere hiesigen
wunderlichen Zustände dar. Lesen Sie sie, wenn
sie Ihnen zu Gesichte kommt. Sie erscheint in
der deutschen Pandora, und diese giebt das Lite-
ratur-Comtoir in Stuttgart heraus. Gegen den
Sommer wird wohl der Band erscheinen.

Mit theilnehmender Freundschaft

der Ihrige

Düsseldorf d. 11. März 1840.

Immermann.

An den Grafen von Redern in Berlin.

Hochgeborener Herr Graf,
Hochzuverehrender Herr General-Intendant!

Ew. Hochgeboren günstiges Urtheil über den
ersten Theil meines Alexis, welches Dieselben durch
das verehrliche Schreiben vom 17. November v.
Jahres mir zu eröffnen die Gewogenheit hatten,
mußte mir überaus erfreulich sein. Die Meinung
Ew. Hochgeboren über mein Werk ist für mich
äußerst schätzbar, und die gütige Mittheilung derselben verpflichtet mich zum gefühltesten Danke.
Dieser Beweis einer achtenden Gesinnung hat in
hohem Grade dazu beigetragen, den Schmerz zu
mildern, welcher eine natürliche Folge getäuschter
Erwartung ist.

Ich hatte an dieses Gedicht die volle Wärme
meiner Seele gewandt, den künstlerischen Fleiß bei
der Ausführung nicht gespart, und nach der Vol-

lenbung die Arbeit auch noch mit Rücksicht auf
die Forderungen, welche die wirkliche Bühne mit
Recht machen darf, einer strengen Revision unter-
worfen. Warum soll ich es läugnen, daß ich mich
mit der Erwartung trug, das Gedicht werde der
dortigen Bühne nicht unwillkommen sein und begünstigt von Ew. Hochgeboren förderndem Wohl-
wollen ohne Hemmniß zu einer lebendig charakte-
ristischen Darstellung gelangen? Warum soll ich
es ferner läugnen, daß, als mir diese Hoffnung
genommen wurde, ich mich um so unangenehmer
berührt fühlte, je weniger ich unter allen möglichen
Umständen denjenigen, welchen ich erfuhr, voraus-
zuahnden im Stande gewesen war.

Ich kann es bei der gemischten Natur unseres
Theaterpublikums begreifen, daß man Bedenken
hegen mag, dramatische Dichtungen, welche entweder vaterländische Ereignisse der jüngsten Ver-
gangenheit behandeln, oder gewisse Töne des Ta-
ges stark anklingen lassen, auf die Bühne zu bringen. Ich selbst habe bereits unter solchen Rück-
sichten zu leiden gehabt, als ich vor mehreren
Jahren mein Drama: das Trauerspiel in Tyrol,
dem früheren Chef der General-Intendanz mit-
heilte. Auch damals wurde die Aufführung der

Zeitverhältniffe wegen verfagt. Ich wußte mich
hierüber zu refigniren, obgleich ich es niederfchlagend
fand, daß einem deutfchen Dichter nicht geftattet
fein follte, feines Volkes überftandenes Gefchick
diefem Volke vorzuführen, und obgleich ich, die
Sache von einem gewiffen allgemeinen Gefichts=
punkt betrachtend, meinte, daß der Ernft der wah=
ren Tragödie zu groß fei, um vorübergehende Ta=
gesintereffen und Tagesmeinungen aufzuregen und
zu entzünden.

Indeffen mag die Erfahrung in anderer Weife
entfcheiden. Jetzt aber ift es mir nicht gelungen,
eine Seite zu ergründen, von welcher aus der ge=
genwärtige Fall fich als ein erdenklicher darftellt.
Ich habe ein Ereigniß dramatifirt, welches in frem=
dem Lande fich zutrug, ein Ereigniß, welches längft
der Gefchichte anheim gefallen ift. Selbft der
Scharffinn der Böswilligkeit wird in meiner Be=
handlung nichts zu entdecken vermögen, was auf
die Bewegungen der Zeit nur im entfernteften hin=
zudeuten wäre. Allerdings ift der große Mann,
welcher mich begeifterte, abweichend von der allge=
meinen panegyrifchen Art, in welcher man uns
denfelben bisher hin und wieder auf den Brettern
zu zeigen pflegte, aufgefaßt worden, ich konnte die

Schatten des Gemäldes nicht hinweglaffen, die Beimischung des Unnatürlichen, die an seinem gewaltigen Schaffen und Wirken haftet, nicht verhüllen, sollte das Gemälde wahr und bedeutend werden. Aber die Poesie trägt, nach meiner Ansicht, ihren Helden den Zoll der Bewunderung nur dadurch ab, daß sie dieselben so tief und allseitig wie die Natur einst sie hingestellt hatte, nachzuschaffen versucht.

In der Offenheit, mit welcher ich diese Bemerkungen vorzutragen mir erlaubt habe, werden Ew. Hochgeboren hoffentlich zu meinen Gunsten den Beweis finden — wenn es überhaupt eines solchen Beweises noch bedürfen sollte — daß neben dem Erstaunen über das eingetretene Hinderniß, die Ueberzeugung von deffen Existenz für Ew. Hochgeboren, vollkommen unabhängig in mir besteht, und daß ich, wie unangenehm mich die Sache selbst überraschte, gegen Ew. Hochgeboren nur das Gefühl des Dankes und der Verehrung bewahrt habe. Gewiß aber ist es, daß, wenn die Erwägungen der Diplomatie in so weit gehendem Zwange das Gebiet der Dichtkunst beschränken, bei den Wechselfällen der ersteren bald kein Stoff mehr aus der neueren Geschichte irgend eines Europäischen Lan-

des als unverfänglich erscheinen dürfte. Und doch
ist gerade diese neuere Geschichte von jeher die er-
giebigste Quelle kräftiger und wirksamer dramatischer Gebilde gewesen.

Innig durchdrungen von der Wahrheit, daß
unser Staat seine schönste und eigentlichste Bedeutung in dem Schutze der geistigen Freiheit findet,
kann ich daher den Trost nicht aufgeben, daß nur
der gegenwärtige erregte Moment meinem Gedichte
widrig gewesen sei. Ich nehme mithin keinen An-
stand, und beehre mich, Ew. Hochgeboren auch den
zweiten Theil des Werkes vorzulegen, mit dem
Wunsche, daß es demselben gelingen möge, Ihre
hochachtbare Stimme ebenfalls für sich zu gewinnen. Beide Theile bilden ein Ganzes, und die
Darstellenden finden im zweiten Manches, was
ihnen für die Auffassung der Charaktere im ersten
nicht ohne Nutzen sein wird.

Da Ew. Hochgeboren nunmehr Sich im Besitz
des ganzen Werkes befinden, so werden Dieselben
im Stande sein zu entscheiden, ob eine Aussicht
für die dereinstige Darstellung bleibe, oder nicht.
Im ersten Falle werde ich mein Gedicht mit Vergnügen in Ihren Händen lassen und den Druck
desselben nicht veranstalten, damit das Publikum

den frischen und neuen Eindruck unverkürzt davon empfange. Sowie aber Ew. Hochgeboren das Werk zurückzuweisen sich entschließen, bitte ich gehorsamst die Handschriften mir geneigtest remittiren lassen zu wollen.

Wenn ich in diesem Schreiben über die Grenzen allgemeiner conventioneller Aeußerung hinausgegangen bin, so hoffe ich durch den Gegenstand entschuldigt zu sein. Die Kunst ist mir etwas Wichtiges und Heiliges, und ich kann mich nicht gewöhnen etwas, worauf ich jahrelange Studien gewendet habe, gleichgültig und leicht zu behandeln. Ew. Hochgeboren haben in mir ein Zutrauen erweckt, und mir die Hoffnung auf die Möglichkeit eines Verhältnisses mit der Bühne eingeflößt, zu einer Zeit, als ich beinahe schon jedem Gedanken an ein solches Verhältniß entsagt hatte. Ich konnte, nach meiner Individualität, mein Zutrauen nicht anders ausdrücken als indem ich mir erlaubte über das Materielle der Sache selbst zu Ew. Hochgeboren zu reden.

Genehmigen ꝛc.

An Ludwig Tieck.

Wohlgeborener Herr,

Hochgeehrtester Herr Hofrath!

Ich erlaube mir Ew. Wohlgeboren beifolgend ganz ergebenst ein dramatisches Gedicht mitzutheilen, von dem ich wohl wünschte, daß dasselbe vor dem Erscheinen im Druck, dargestellt werden möchte. Insofern Sie glauben, daß es für die Bühne sich eigne, würde ich daher diesen Wunsch hiermit auch in Beziehung auf die dortige ausgesprochen haben. Nach dem, was mir aus öffentlichen Nachrichten über Ew. Wohlgeboren Verhältniß zum Dresdener Theater bekannt ist, hoffe ich durch die unmittelbare Ueberreichung meiner Arbeit an Sie, mich nicht zu weit von der Ordnung des Geschäftes entfernt zu haben. Jedenfalls wird man den Verstoß entschuldigen, wenn ich hierin irrte. Es war natürlich, daß ich mein Gedicht am liebsten in die

Hände des Dichters legen mochte. Lassen Sie mich indeſſen, mein hochgeehrter Herr, dieſen Worten ſogleich hinzufügen, daß mich ein Gefühl der Ehrfurcht vor Ihrer höchſt würdigen Stellung in der Literatur der Gegenwart mehr angetrieben hat Ihnen mein Werk vorzulegen, als ein leidenſchaftliches Verlangen daſſelbe auf den Brettern zu ſehen. Treten daher die Zeitumſtände oder andere Urſachen der Aufführung des Alexis hindernd entgegen, ſo werde ich mich darüber leicht zu beruhigen wiſſen. Die Erfahrungen der letzten 15 Jahre müſſen uns ſoweit belehrt haben, daß wir uns, ſelbſt im glücklichſten Falle eines ſogenannten Erfolges, einer ungetrübten Freude kaum überlaſſen dürfen, die doch nur gerechtfertigt wäre, wenn das ſceniſche Gelingen uns den dramatiſchen Werth des Dargeſtellten noch verbürgen könnte. Mein Wunſch bezieht ſich ohnehin nur auf die beiden erſten Theile. Obgleich ich auch den dritten ganz dramatiſch zu bilden wenigſtens beabſichtigt habe, ſo würden doch die Schauspieler, wie ſie nun einmal jetzt ſind, ſchon in der feierlicheren Form und in den künſtlicheren Maaßen deſſelben unüberſteigbare Schwierigkeiten finden. Mir ergab ſich dieſe Form aus der Natur des Stoffs. Wenn in den

erſten Theilen der Gegenſtand mehr von der Seite
der Abnormität gegriffen wurde, ſo war es die
Sache des letzten, dieſe Anomalien unter die allgemeinen Geſetze des Daſeins auch ſichtlich zu
ordnen und das früherhin vorherrſchende Charak-
teriſtiſche in die Schönheit aufzulöſen. In gewiſ-
ſem Sinn mußte ich mich daher, ſowohl was die
innere Oeconomie als die äußere Geſtaltung betrifft, der Antike nähern, in welcher dieſe Art der
Behandlung hervorſticht.

Ich bin von der Geſchichte verſchiedentlich ab-
gewichen. Die ſogenannte Verſchwörung von Sus-
dal, welche den Inhalt des erſten Theils bildet,
gedieh nicht zu der abgeſchloſſenen Geſtalt, die ich
ihr gegeben habe. Bei der Kataſtrophe des Alexis
traten die Gegenſätze wenigſtens ſichtbar nicht ſo
ſchroff und ſeltſam auf wie in meinem zweiten
Stücke, und die Fabel des dritten Theils liegt,
den Treubruch der Katharina und die verzweiflungs-
volle Finſterniß der letzten Lebenstage Peters ab-
gerechnet, ganz im Gebiete des nur mythiſch Möglichen.

Sie haben ſich verſchiedentlich gegen die Will-
kür in der Behandlung der Geſchichte ausgeſpro-

chen. Auch der verewigte Solger äußerte sich, wenn ich nicht irre, gelegentlich in diesem Sinne.

Ich muß gestehen, daß ich dem Dichter gern die höchste Freiheit bei der Behandlung des histo̊risch Gegebenen bewahren möchte. Zeigt sich frei̊lich in seinem Werke überhaupt statt der lebens̊kräftigen Idee ein hohles, verblasenes Wesen, oder ist bei Erzeugnissen höheren Ranges, hier und da, ein ästhetischer Mangel sichtbar, dann muß es er̊laubt sein, aus dem Gedichte hinaus in die Ge̊schichte zu blicken und die Schwäche des Blicks zu rügen, der vielleicht die größten und gründlichsten Motive nur nicht zu sehen vermochte. Immer aber wird, glaube ich, auch bei diesem Punkte die Be̊trachtung von der Poesie auszugehen haben. Und so habe ich Sie auch nur verstanden, da Ihr Ur̊theil, wo es auf das Historische Bezug nahm, in der That immer sich an die Auffindung dichterischer Mängel knüpfte.

Macht man aber aus dem, was nur im ein̊zelnen Fall Geltung hat, ein allgemeines Princip, tritt man, wie es jetzt wohl zu geschehen pflegt, von außen mit dem historischen Maaßstabe an das poetische Werk hinan, so scheinen noch die ersten Elemente der ästhetischen Erkenntniß zu fehlen. Man

kann jener Betrachtungsweise durch die Frage be=
gegnen: Wozu es der Poesie überhaupt noch be=
dürfte, wenn die Geschichte schon Alles enthält?
Und ob denn der Stoff, den der Historiker darzu=
reichen glaubt, für den Dichter nicht erst zu existi=
ren beginne, wenn ihn die Phantasie nach ihren
ganz eigenthümlichen Gesetzen bereits ergriffen,
verknüpft und umgestaltet hat? — In diesem neuen
vornehmen Kleide zeigt sich dann nur wieder der
alte antikünstlerische Geist der gemeinen Naturbe=
trachtung, der im 18ten Jahrhundert sich als psy=
chologische Anforderung, Verlangen nach Wahr=
scheinlichkeit u. s. w. geberdete.

Was meinen Stoff betrifft, so wurde ich da=
von in meinem Innern nur berührt und erschüttert,
insofern er mir das Schauspiel eines großen und
ungeheuren Irrthums darbot. Vielleicht hat nie
ein Mensch tiefer das Unendliche, welches im Men=
schen liegt, gefühlt als Peter der Große, und viel=
leicht war nie Einer durch die Schranken seines
Wesens und durch eine feindliche Umgebung un=
glückseliger gefesselt. Er unternimmt es, seine
Slaven zum Weltbestimmenden Volke zu machen,
und übersieht, daß es diesem Stamme an allem
geistig Zeugenden fehlt; er bleibt selbst ein Slave,

dem die Aufgabe auf Nachahmung und Aneignung
hinausläuft, und die Muster muß er aus seiner
Zeit nehmen, der schlechtesten die es geben konnte,
weil sie allen organischen Zusammenhang in Kirche,
Staat und Lebensgestaltung verloren hatte. So
schafft das gewaltigste Wirken ein äußeres Ge=
häuse von Macht und Größe, dem nur die Seele
fehlt, und glaubwürdige Berichte erzählen uns von
der furchtbaren Nacht seiner letzten Stunden. In
diesen Gefühlen und Anschauungen ging mir der
Gegenstand auf, und danach hat sich freilich alles
Einzelne bei mir umgebildet. In den Bojaren
zeigte sich mir der Held, unwiderstehlich siegreich,
so lange er es nur mit dem Elemente und mit
der in sich auch schon zerfallenen, von seiner Ein=
wirkung angezehrten Alt=Russischen Magnatenwelt
zu thun hat; wo es aber, wie im Gericht zu St.
Petersburg, auf einen lebendigen, sittlichen Akt
ankam, da sank er nur immer tiefer in die lächer=
lich fürchterlichen Widersprüche seiner eigenen ge=
machten Schöpfung. Der Sohn wird geopfert um
etwas, dessen Nichtigkeit der Vater selbst zu ahnen
beginnt, und die schlechteste Gestalt gängelt ihn am
Faden eines armseligen, dürren Begriffs, den er
aber dann doch nicht entbehren kann, will er blei

ben was er ist. Die Auflösung aller dieser Dissonanzen lag mir aber in dem Hervortreten der alten slavischen Natur, in ihrer Riesenkraft, wenn sie aufs Aeußerste gebracht wird. Dies war die Aufgabe des dritten Theils. Tod und vollkommene Trennung des zu einem Scheinleben zusammengefügt Gewesenen erschien mir nach der Natur des poetischen Gedankens als die einzig mögliche Harmonie.

Ich muß sehr um Verzeihung bitten, daß ich ohne das Glück Ihrer näheren Bekanntschaft zu genießen, gewagt habe so weitläufig zu sein. Indessen entsprang aus dem Muthe Ihnen das Gedicht zu senden, auch nothwendig der, über den Gegenstand zu reden, der mich eine lange Zeit hindurch gefesselt hat. Vor Allem wünsche ich, daß Sie in dem Gesagten keine eitle Meinung über meine Arbeit erblicken mögen. Ich fühle nur zu wohl den Unterschied einer lebhaften Empfindung über die Dinge und die Welt und eines dichterischen Gelingens, und ich kann in Wahrheit versichern, daß ich über den Werth dieser Dramen ganz im Dunkeln bin.

Zugleich benutze ich diese Gelegenheit um Ihnen meinen aufrichtigsten Dank für den hohen Genuß

zu sagen, den mir der zweite Theil Ihres Dichter-
lebens gewährt hat. In den beiden Shakespeare-
Novellen ist mir das geheimnißvolle Schaffen der
Phantasie am klarsten geworden, und ich kann den
Eindruck, den sie auf mich gemacht haben, nicht
anders bezeichnen als indem ich sage, daß, wenn
es nicht so zugegangen ist, es doch nothwendig so
hätte zugehen müssen. Mögen die Zeitverhältnisse
und die dortigen Verwickelungen Ihnen Heiterkeit
und Freiheit lassen uns ferner zu erfreuen und zu
belehren.

Mit der ausgezeichnetsten Hochachtung ꝛc.

N. S.

Ich lege einen Scherz bei, den ich vor einigen
Jahren schrieb. In unsrer großen Zeit konnte
Däumchen wohl auch einmal ritterlich und helden-
haft auftreten.

II.

Von bedeutenden Aufgaben, die seit der Zeit
gelöst worden sind, kann ich Ihnen ferner Macbeth nennen. Ich wollte ihn erst nach Ihrer Uebersetzung geben; aber als ich erwog, daß für diesen

Vers unsern Schauspielern noch die Zunge, und unserm Publico das Ohr gebricht, so entschied ich mich doch für Schiller, legte aber die Hexen-Scene aus Ihrer Uebersetzung ein. Die Hexen wurden nicht als Furien, sondern als häßliche ekelhafte alte Weiber gespielt, wo mir dann wenigstens die Genugthuung wurde, daß während jene Gestalten in der Regel Lachen erregen, diesmal ein rohes Sonntagspublikum dem alten Weibergespräche so still zuhörte, als säße es in der Kirche.

Den ersten Act schloß ich, zum Theil durch die Beschränkung meiner kleinen Bühne gezwungen, mit der 4ten Scene, so daß nun der ganze Aufzug ein kurzes stürmisches Schlacht-, Zauber- und Charakter-Bild war.

Der zweite Act begann mit der Brief lesenden Lady, und in diesem hatte ich von Schakespeares mir durch Sie erst klar gemachten Intentionen so viel gerettet, als möglich war. Die Scene blieb unverändert, und stellte einen engen gotischen Hof des Schlosses Inverneß mit einem Balcon und verschiedenen Ein- und Ausgängen vor. Der Act begann gegen Abend, dauerte die Nacht hindurch, und schloß am Morgen. Freier Himmel, der Mond hinter schwarzen Wolken, Sturm und Regen spielten mit.

Das Arrangement war so:

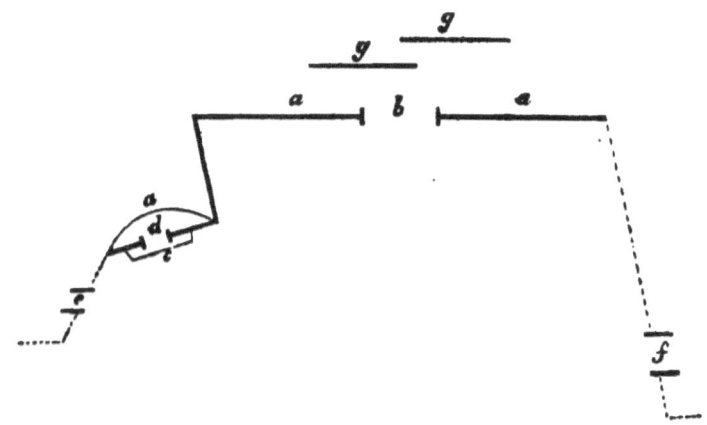

a a a Hauptgebäude des Schlosses mit einem seitwärts hervorspringenden Vorbau.

b Pforte, durch welche die Lady Brief lesend, und am Morgen nach dem Morde auftritt.

c Eine Treppe mit Balcon an dem Seiten-Vorsprunge des Hauptgebäudes. In diesem Seiten-Vorsprunge wurde der Speisesaal, das Schlafzimmer Duncans und des Prinzen angenommen. Duncan führte die Lady über diese Treppe durch eine Thür *d* ab. Die Lords gingen durch die untere Thüre *b* und kamen aus derselben.

e Seitenpforte zu äußeren Schloßgebäuden, worin
die Schlafkammer der Lords angenommen
wurde.

Sie gingen also am Abend von *b* nach *e* und
stürzten am Morgen aus *e*.

f Seitenpforte zu der Pförtnerwohnung und Wirth-
schafts-Gebäuden, woher am Abend die Spei-
sen getragen wurden.

g g Hintergebäude, Zugbrücke, Thürme, Gebüsch.

Durch diese Anordnung bekamen nun die Scenen, welche sonst trotz des in ihnen waltenden
Uebermaaßes von Poesie kalt vorübergehen, ein
äußeres deutliches Leben. Die wirkliche mondbe-
schienene Architectur hatte schon etwas Geheimes,
Grauenvolles, und nun das Gehen und Kommen
von verschiedenen Seiten, aus den Thüren, das
Hinauf- und Hinuntersteigen! Wahrhaft sublim
machte sich der Moment, wo die Lady unten an
der Balcon-Treppe lauschend gekauert flüstert und
Macbeth oben auf den Balcon mit ein Paar ent-
setzten Worten hinaus und gleich wieder zurück stürzt.

Sehr schön baute sich auch bei dieser Einrichtung das Tableau des Morgens. Von allen Seiten kommen Gruppen zu Stande, und den Gipfel

bildeten die beiden Prinzen, die oben auf dem Balcon bleiben.

Reußler, den Sie in Baden kennen gelernt haben, spielte den Macbeth, roh, verworren, halb verrückt von Stolz und Glaubensſprüchen, nach meinem Gefühle nicht unwürdig des großen Werks, freilich nicht in dem Sinne unsres Publikums, welches hier wie aller Orten verlangt, daß der Held, wenn er auch seinem König die Kehle abschneidet, von Liebenswürdigkeit glänzen soll. Herrlich wurde Macduff gegeben, nie habe ich die Worte des 2ten Acts mit so grandiosem Pathos vortragen hören; ich wurde an Aeschylus erinnert. Schenk heißt der Schauspieler, der ihn gab.

Die Nachtwandelscenen ließ ich ohne allen Accent und ſcharfes Einsetzen der Worte, was sonst üblich ist, sondern nur so leise tonlos hinflüsternd sprechen.

III.

Wie ich Ihnen vor einigen Tagen schrieb, benutze ich gegenwärtig die Gelegenheit, Ihnen noch einiges Nähere über die Aufführung des Alexis durch Herrn Weymar mitzutheilen, den ich Ihnen zu gütiger Aufnahme bestens empfehle. Er selbst hat sich in der Rolle des Alexis recht gut aus der Sache gezogen, und das Einzelne, was ich noch hin und wieder in der Aufführung vermißte, würde wohl auch kein anderer Darsteller in dieser schwierigen und verwickelten Rolle gleich bei der ersten Aufführung besser als er geleistet haben.

Die beiden Theile wurden, wie die beiliegenden Zettel besagen, an zwei Abenden hinter einander gegeben. Es war eine gewaltige Arbeit, diese zehn Acte in wenigen Wochen in die Scene zu setzen. Die Hauptschwierigkeit, welche sich bei dem Geschäfte zuerst aufthat, war, daß fast alle Rollen sich als Charakterrollen zeigten, und eigentlich keine in der hergebrachten Bühnenweise zu spielen war. Eine fernere Schwierigkeit lag in dem Laconismus der Expositionen und historischen Töne, so daß die Schauspieler nun wieder gezwungen waren, von ihrer Gewohnheit abzuweichen, und diese Dinge mit einer Präcision vorzutragen, welche dieselben allein für die Zuschauer verständlich machen konnte.

Dies waren die wahren Schwierigkeiten. Alle übrige, welche Directionen und Intendanzen aus dem Scenischen hervorgesucht haben, ließen sich bei dem ernsten Angriff der Sache nicht entdecken.

Indessen sind auch jene zu überwinden gewesen. Die Darstellung des ersten Theils hatte noch hin und wieder etwas Unsicheres, Unfertiges, Ueberladenes, die Aufgabe war für die Darstellenden noch zu neu; doch ging Alles im Ganzen mit Geist, Kraft und Energie vorwärts.

Die meiste dramatische Wirkung entwickelte sich in den Bojarenscenen des ersten Aufzuges, in den Scenen des Alexis im zweiten Aufzuge, in der für undarstellbar ausgegebenen Schiffsscene, in der Bauernscene des vierten Aufzugs, und in der Schlußscene zwischen Vater und Sohn.

Wie ich die Schiffsscene arrangirt, wird Ihnen Herr Weymar noch näher sagen.

Im zweiten Theile war nun Alles zu Hause, und diese Vorstellung rollte mit einer Kraft und Gewalt ab, wie man selten ein dramatisches Werk producirt sieht; ich kann sagen, daß ein Jeder darin mit Begeisterung spielte, man mußte diese Vorstellung eine vollkommene nennen. Die todte Form, an welcher der lebendige Czar zerbricht, gewann durch charakteristische Darstellung des Tolskoi selbst ein furchtbares Leben. Die Erscheinung des Gerichts hatte ich so imposant als möglich gemacht;

auch hierüber wird Ihnen Herr Weymar das Nähere sagen.

Was mir sehr zu Statten kam, war, daß der Schauspieler, welcher den Czar spielte, ganz in meine Absichten eingegangen war, und wirklich etwas Großes leistete.

Der Effect auf die Zuschauer war denn so, daß der erste Theil wie ein Prolog wirkte, sie in Spannung und Aufmerksamkeit erhielt, der zweite Theil aber sie fortriß. In diesem Theile wechselten nur die untrüglichen Zeichen der vollendeten Wirkung ab, nämlich Todtenstille und lebhafter Applaus.

Da ich Ihren Antheil an diesen Sachen kenne, so bin ich so weitläuftig gewesen und fürchte nicht Sie damit ermüdet zu haben. Mancher trübe Zweifel, welchen die Vernachläſſigung meiner Arbeiten Seitens der sogenannten realen Bühne hervorgebracht hatte, sind durch die Aufführung des Alexis und durch die des Hofer im vorigen Jahre niedergeschlagen worden. Ich weiß nun, daß diese Stücke dem deutschen Theater angehören, und über kurz oder lang über dasselbe ihren Gang nehmen müssen, wie sehr man sich auch dagegen sperren mag.

Jetzt bin ich am Blaubart und habe heute die erste Lehrprobe davon gehalten, bei welcher Herr Weymar auch noch zugegen war.

Ich leide an meinem Augenübel und muß mich deshalb fremder gütiger Hand bedienen um mich mit Ihnen unterhalten zu können. Das Verdrießlichste bei diesem Umstande ist mir, daß sich dadurch vielleicht die Aufführung des Blaubarts verzögert.

IV.

Ich übersende Ihnen den Zettel der gestrigen Aufführung des Blaubarts, welche ein sehr erfreuliches Resultat gegeben hat; das Erfreulichste war mir, daß das Stück sich wirklich, wie ich beständig geglaubt hatte, als völlig dramatisch-theatralisch bewährt hat. Die sonderbaren Maskenfiguren der ersten Scene beschäftigen und fesseln, und bringen bei dem überhaupt für Poesie Empfänglichen sogleich die gehörige Stimmung hervor. Nach und nach tritt der Ernst heran, die Spannung steigert sich, und wächst bis gegen das Ende zum tragischen

Affect, auf welchem Gipfel sich das Werk wieder durch Scherz gelinde beruhigt. Kurz, es sind in diesem freien Gebilde der Phantasie zugleich alle Requisite des materiellen Theaters vorhanden. Das wußte ich längst von diesem, wie von manchem anderen Ihrer oder Anderer Werke, allein es ist doch erfreulich, dieses isolirte Wissen nun auch durch die Praxis bewährt zu sehen. Mein Glaube steht fester als je, daß unsere Bühne nicht verarmt ist, vielmehr auf der Stelle reich dastehen würde, wenn wir uns nur entschließen könnten, die unbenutzten Schätze, welche wir besitzen, hinauf zu fördern.

Die Darstellung war eine gute zu nennen; ich glaube, daß Sie mit derselben nicht unzufrieden gewesen sein würden. Obgleich Vieles in den Händen größerer Künstler (das Stück verlangt bis in die kleinsten Rollen hinein eigentliche bedeutende Talente) noch schärfer, origineller, markiger ausgefallen wäre, so kann man doch dreist behaupten, daß der Sinn und Humor keiner einzigen Scene verloren gegangen ist. Selbst bis zu den Handlangern hinab, war es gelungen, den Geist des Ganzen ihnen beizubringen. Und das Stück zeigte sich so leicht behandelbar, daß ich mit geringen Vorbereitungen dessen mächtig geworden bin. Eine

Vorlesung, zwei Lese- und drei Theaterproben genügten, den Blaubart in die Scene zu setzen.

In besonders guten Händen waren Agnes, Simon, Winfred, Rathgeber; auch der Blaubart und der Narr waren nicht schlecht. Mechthilde muß ich ebenfalls lobend erwähnen. Sublim machte sich die Erzählung des Märchens, welche Scene ich tableauartig hatte arrangiren lassen. Im Ganzen ließ ich die Farben dreist und keck auftragen, auch was Costüme, Maske, Apparat u. s. w. betrifft.

Da wir beide den schändlichen Zustand unsers heutigen Theaterpublikums kennen, so werden Sie Sich nicht wundern, wenn ich Ihnen sage, daß ich mit stiller Resignation ins' Theater ging, auf eine völlige Niederlage gefaßt, wobei indessen, wie jener französische König sagte, die Ehre nicht verloren gegangen wäre. Nun war aber der Erfolg ein ganz andrer, angenehmerer. Von vorn herein herrschte die größte Aufmerksamkeit im ganz gefüllten Hause (NB. im schönsten Maiwetter), Alles Lustige, Humoristische wurde belacht, die tiefsinnigen Unterhaltungen zwischen Simon und dem Arzte, diesem und dem Blaubart erregten die größte Lust; tiefe Stille bei den tragischen Scenen, häufiger Applaus, endlich Hervorrufen von Agnes und

dem Blaubart, kurz, alle Zeichen eines vollständi-
gen Erfolgs. Ich habe nach diesem Abende die
Hoffnung, den Blaubart förmlich dem currenten
Repertoir einverleiben zu können. Das ist sehr
wenig und sehr viel, wie man es nimmt.

Aus dem Zettel ersehen Sie, daß ich Abände-
rungen und Einrichtungen des Buchs vorgenom-
men habe. Sie trauen mir den lächerlichen Dün-
kel nicht zu, Sie verbessern zu wollen. Allein man
muß durchaus, will man bei gewagten Sachen
noch einige Chancen des Gelingens für sich behal-
ten, sich gegenwärtig zu Manchem verstehen. So
ist es mir ein Erfahrungssatz geworden, daß bei
solchen Productionen, je weniger Zwischenacte sind,
desto eher noch an einen Erfolg zu denken ist.

Die poetische Stimmung verfliegt bei der bar-
barischen Menge den Augenblick wieder, wenn sie
nicht möglichst condensirt zusammen gehalten wird.
Mit der Zusammendrängung der Stella in drei
Acte war es mir schon gut gelungen, und nun ist
dieselbe Operation, wie ich glaube, auch dem Blaubart zu Statten gekommen. Ich hatte aus Act 1
und 2 den ersten, aus Act 3 und 4 den zweiten
Act gemacht, und der 5te Act ist der dritte geworden.

Manches habe ich gekürzt. Dann war es für
das Theater durchaus nothwendig, die secundäre
Handlung (Marloff, Reinhold, Brigitte, Leopold)
völlig zum Abschluß zu bringen, bevor die tragi=
sche Katastrophe der Haupthandlung eintrat; weil
das Eintreten der zweiten Handlung, nachdem die
Haupthandlung zum Ende gediehen ist, für unser
nicht mit einem Male von dem Gelüste nach starken
Effekten abzubringendes Publikum eine Länge gewe=
sen wäre, welche vielleicht den ganzen Schluß um=
geworfen hätte. Ich ließ also schon im finstern
Walde den alten Marloff seine Tochter wiederfin=
den, ihr vergeben und diese ganze Gruppe nur zum
Schluß mit einigen auf Agnes bezüglichen Worten
wieder eintreten.

Die Scenerie Ihres Werks zum Schluß hätte
eine bedeutende tragische Handlung auf einen engen
Raum zwischen Podium und Soffiten ängstlich
zusammengepreßt; welches, wenigstens auf unsrer
kleinen Bühne, die ganze Wirkung vernichtet haben
würde. Ich nahm also das ganze Theater zum
Altan, ließ hinten das Podium aufnehmen, Luft
und vorragende Gebirgsspitzen hinhängen, die Höhe
zu versinnlichen, und alle Personen von unten und
hinten auf den Altan kommen. Winfred schloß das

Ganze mit einer gereimten Captatio benevolentiae
an die Zuschauer. Wenn es Sie interessirt, will
ich das Buch, wonach hier gespielt worden ist,
übersenden.

Das Liebste wäre mir nun, wenn Ihnen diese
Sache auch einige Freude machte. Ist dies der
Fall, so würde ich Sie bitten, Ihre Abneigung
gegen das Schreiben zu überwinden und mir einige
Zeilen zu senden, die ich meinen Schauspielern mit-
theilen könnte. Das Wort des Dichters würde
sie außerordentlich erfreuen, und es ist wohl ge-
wissermaaßen jetzt nöthig, wenn diese verkommenen
Menschen einmal sich zum Ungewöhnlichen aufraf-
fen, das Edlere in ihnen auf jede Weise zu be-
stärken.

Düsseldorf d. 4. Mai 1835.

Immermann.

N. S.

Eine im Gebäude verirrte Katze erschien, mun-
ter hin und her springend, in manchen Scenen auf
der Bühne, als wollte sie an der Handlung Theil
nehmen. Wenn man Ihrer Neigung zu diesen

Thieren sich erinnert, so hat das Ereigniß wirklich etwas Mystisches. Dieser ungestiefelte Kater störte übrigens nicht, da er nur in lustigen Scenen kam, und von Winfred sogleich zu einigen Lazzi verbraucht wurde. Mehrere Zuschauer haben wirklich geglaubt, die Katze gehöre zum Stück.

An Friedrich Halm.

Hochwohlgeborner,

Hochgeehrter Herr!

Ich würde nicht hoffen dürfen, Ihre Verzeihung
für mein so langes Schweigen auf Ihre freundli=
chen und mich erfreuenden Zeilen, wie für die
schöne Gabe, welche dieselben begleitete, zu erhalten,
wenn ich nicht doch eine Veranlassung gehabt hätte,
für meine Antwort erst die Aufführung der Gri=
seldis abzuwarten, um dann ausführlich mit Ihnen
über das Werk reden zu können. Vergeben Sie
mir daher diesen späten Brief und empfangen Sie
vor Allem meinen besten Dank für die so gütige
Zusendung Ihrer Dichtung.

Ich las sie gleich nach deren Empfang und
fühlte dabei ein großes und steigendes Interesse.
Was für mich immer ein Kennzeichen des wahren
Gedichtes ist, Ihr Drama versetzte mich von vorn

herein in eine specifische Stimmung, die auch durch
Nichts in dessen Verlauf paralysirt ward. Die
heitere, bunte, galante·Welt der Tafelrunde, das
strenge, feudalistische Herrenschloß mit seinem lebendig gewordenen Steinpfeiler: Percival, der dunkle,
rauchende Wald, und zwischen diesen verschiednen
Welten und Kreisen hindurch der rührende Herzens-
laut Griseldens, alle diese Elemente sind die Farben und Gestalten e i n e s und eines e i n i g en Bildes,
welches so, in dieser Kraft und Frische, in dieser
jungfräulichen Anmuth und schlichten Einfalt, nur
aus dem Gemüthe eines wahren Dichters entspringen konnte. Durch das Ganze weht ein so un-
schuldiger, blüthenwarmer Geist, daß mich der Eindruck eines hellen, einsamen Frühlingstages in schöner Wald- und Wiesengegend, zu welcher von Fels
und Hügel ernste Burgen einblicken, bei und nach
der Lesung nicht verließ. Nur einem Dichter im
vollen Sinne des Worts war es vergönnt, einen
Charakter wie den der Hauptperson in sich zu
empfangen und so zu gestalten; der Zug, der leise
durchblickt, daß eine solche Liebe vom Uebermaaß
und einer Art feiner Sünde sei, daß folglich Griseldis nicht ohne Schuld leide (worin für mich die
tragische Ausgleichung und die Vertheidigung ge-

gen den Vorwurf, daß das Gefühl in dem Stücke
gemartert werde, liegt) kündigt den künftigen, dramatischen Meister an, und die Schlußwendung, die
Peripetie im Charakter der Griseldis, ist außerordentlich wahr, richtig und tief. Daß aber Alles
dies so ohne Absicht, Aufsehen und Anstrengung
erreicht wird, daß alle diese glänzenden Vorzüge
leicht wie reife, süße Früchte vom Baume fallen,
ist nur eine Tugend mehr des Gedichtes.

Freudig, wie seit langer Zeit nichts mehr auf
diesem Felde, bewegte mich daher Ihre Schöpfung,
und ich glaube Ihrer Zukunft den reichsten Segen
vorhersagen zu dürfen. Dort, wo Sie sind, stehen
Sie auch auf dem rechten Boden, wo möglicherweise die Regeneration des deutschen Dramas noch
gelingen kann. Wenn das dramatische Gedicht,
wie wir jetzt wohl sämmtlich überzeugt sind, zum
vollen Dasein nur auf den Brettern gelangt, so
folgt von selbst, daß wir nur da noch Schauspiele
erleben werden, wo, wie in Wien, ein Heerd der
Wärme, der Theilnahme, des Bedürfnisses für diese
Erscheinung der Poesie glüht, nicht da, wo Re-
flexion, Ueberlegung, Nachsinnen längst alle unmittelbare Wechselwirkung zwischen der Scene und
dem Leben aufgehoben haben. Die Schranken,

welche mehrere Oesterreichische Dichter in der Cen=
sur und in dem übertriebenen Mißtrauen Ihrer Re=
gierung so schmerzlich fühlen, sind nach meiner
Ansicht auch mehr scheinbar als wirklich. Ich glaube
nämlich nicht, daß das historisch=politische Drama
— welches doch allein von diesen Potenzen be=
droht wird — unsere Sphäre ist, noch je werden
kann, und ich zweifle deshalb daran, weil wir kein
politisches Volk sind, noch die Anlage in uns ha=
ben, eins zu werden. Wie soll man denen, die
sich in alles öffentliche Unglück, in jeden Regie=
rungswechsel gleichmüthig zu finden wußten, oder
ihren Söhnen und Töchtern, vernünftigerweise zu=
muthen, daß sie der hinter den Lampen nachgeahmte
Sturz der Reiche, der Streit um Krone und Scep=
ter, Glanz und Trauer der Feldherrn und Staats=
männer entzünden und begeistern müsse? — Die
allgemeinen Interessen des Geistes, das Religiöse,
und die Familie bilden die drei Lebensadern unsres
Daseins, und diese müssen daher auch dem neuen
deutschen Drama, wenn eins entstehen soll, das
Blut spenden. Jenes alte, so sehr verachtete deut=
sche Familienstück ist also doch die eigentliche Incu=
nabel unsrer Dramatik, und auf diesem Wege, nur
mit reicherem, größerem, phantasievollerem Geiste,

muß fortgewandelt werden. Dort steht nun der Staat keine Gefahr, und so könnte man, wenn man in einer ernsten Angelegenheit scherzen wollte, sagen: die Wiener Censur sei weit mehr eine academische Anstalt, welche die Dichter vor Abwegen bewahre, als eine polizeiliche.

Auch Ihre Griselbis gehört ganz der allgemein menschlichen und der Familiensphäre an, und deshalb ist sie so rasch ein der Nation gemäßes, ihr verwandtes Erzeugniß geworden. Lassen Sie mich nun, da die edlen Worte Ihres Briefs dazu in mir das Vertrauen erwecken und da man ein bedeutendes Talent nur durch Aufrichtigkeit gebührend zu ehren vermag, Ihnen auch nicht verschweigen, was mir, neben den großen Schönheiten Ihres Stücks, darin hat mangelhaft vorkommen wollen. Ich nenne hier zuvörderst den Ueberfluß an Worten und die Neigung, Alles aussprechen zu wollen, was oft besser mit einem leichten Striche, mit einer Andeutung, mit einem Verschweigen gegeben worden wäre. Nicht selten habe ich mich bestimmen müssen, für die Darstellung bedeutend zu kürzen. Dieser Wortreichthum pflegt aber allen jungen Dichtern eigen zu sein, nur Heinrich von Kleist macht darin eine Ausnahme und tritt gleich in seinen ersten Sachen knapp und präcis auf.

Tiefer liegt ein zweiter Mangel. Wenn das erste Erforderniß des Dramas eine menschliche Handlung ist, und wenn zum Wesen einer solchen gehört, daß sie, zwischen Freiheit und Nothwendigkeit oscillirend, in jedem Augenblicke ihres Fortschreitens doppelten Ausgangs fähig ist, wenn gerade darin ihr Leben und ihr Interesse liegt, so kann man in diesem Sinne nicht sagen, daß in der Griselbis uns eine menschliche Handlung vorgeführt werde. Griselbis steht von vorn herein so treu, so liebevoll und „opfermuthig" da, daß Niemand daran zweifelt, sie werde die drei Proben bestehen, und daß selbst ihr Kampf bei der ersten nicht einen Augenblick über den Ausgang zweifeln macht. Es wird mehr an und mit ihr ein Exempel gelöset, dessen Facit voraus bekannt war, als daß sie uns verflochten und verwickelt in den durch das irdische Dasein hindurchgehenden Grundconflict gezeigt würde. Nimmt man daher, wie man bei einem so genialen Werke muß, die Sache in der ganzen Schärfe, so darf man sagen, Griselbis sei kein Schauspiel im strengen Sinne, sondern gehöre der Mittelgattung der Charaktergemälde an, in welchen das Interesse auf dem Detail des Psychologischen beruht.

Gefühlt haben Sie jenen Conflict sehr wohl, eben in dem Anklange von dem Frevelhaften einer so überschwänglichen Liebe. Es hätte sich nun darnach eine Behandlung denken lassen, die freilich zu einer völlig veränderten Oeconomie des Stücks geführt haben würde. Doch das sind Grillen, über welche mich näher zu verbreiten ich billig Bedenken tragen muß. Schon befürchte ich in meinen Mittheilungen zu weitläuftig geworden zu sein.

Was die Aufführung betrifft, so hatte ich mir immer vorgesetzt, den Untergang unsrer Bühne mit Ihrem Morgenrothe zu verschönen; und so ist es denn auch gekommen, wie der anliegende Zettel besagt. Ich glaube, daß Sie mit der Darstellung zufrieden gewesen sein würden. Griseldis war in den Händen einer Schauspielerin, die, gerade für solche Gebilde wunderbar organisirt, das Außerordentlichste leistete, und obgleich die Andern manchen Fehler machten, so waren doch Alle vom Vorgefühl des nahen Scheidens bewegt, und Jeder gab an seiner Stelle das Beste was ihm nur möglich war, so daß das Ganze einen überaus frischen und

kräftigen Anstrich hatte, und auch nicht das Geringste lahmte oder versagte. Das Publikum aber
suchte im Angesicht des bevorstehenden Verlustes
nachzuholen, was es in der Sicherheit des Besitzes,
unlöblich genug, oft schuldig geblieben war. Der
Applaus begleitete Scene für Scene die Darstellung und wechselte nur mit dem Schluchzen der
Rührung und der tiefen Stille der Erschütterung
ab. Am Schlusse wurde Griseldis, dann das ganze
Personal unter Trompeten- uud Paukentusch ge-
rufen; kurz es war ein Abend, der Ihnen Vergnügen gemacht haben würde.

Sie sagen mir gute Worte über meine nun da-
hingegangene Anstalt; ich danke Ihnen dafür, um
so mehr, als das Gefühl der Guten und Besten
mein einziger Lohn für jahrelange Mühen bleibt.
Die Düsseldorfer Bühne war, ich darf dies wohl
aussprechen, eine poetische; leider sah sie sich auf
poesielosen Boden gepflanzt, und mußte unter dem
öden, marklosen Rheinvolke verschmachten. Zweier-
lei ist an dem Verfall des deutschen Theaters Schuld:
erstens, daß es sich außer Contact mit der Literatur und mit dem Ideenkreise des Kerns der Nation gesetzt hat, zweitens, daß die Darstellung
selbst allen Begriff der Schule und der Kunst ver-

lor und die Idee von der Nothwendigkeit eines
bis in das Kleinste harmonischen Ganzen kaum noch
in der abgeschwächtesten Erinnerung kennt. Beidem
suchte ich entgegenzutreten, durch ein von einer
geistigen Aufgabe zur andern fortschreitendes Re=
pertoir, und durch eine Didaskalie, welche jeder
Willkühr der Schauspieler den Weg vertrat, ja
selbst den Schein der Pedanterie und der Sylben=
stecherei nicht scheute, weil mir überhaupt in einer
Darstellung Nichts unwichtig ist. So kam es denn,
daß in Düsseldorf eine Reihe von Dichtungen sich
verkörperte, deren Aufführung man andrer Orten
für unmöglich hält, und daß in unsern guten Dar=
stellungen (denn wir hatten freilich auch herzlich
schlechte) der Bediente und Anmelder an seinem
Platze eben so gut spielte wie der Held und die
erste Liebhaberin an den ihrigen. Meine Träume
waren, daß, wenn die Bühne länger fortbestände,
sich ein frisch herantretender producirender Geist ihr,
als dem bereitesten Mittel für seine Zwecke, zuwen=
den, und daß dieser und jener rationell gebildete
Künstler aus der hiesigen Schule vielleicht hervor=
gehn würde. Es sind Träume geblieben.

Doch genug und schon zu viel. Wenn Ihnen
meine Freimüthigkeit über Griseldis nicht mißfallen

hat, so würde ich Sie um Uebersendung des Abepten zum Lesen bitten. Mich verlangt sehr darnach dieses zweite Stück kennen zu lernen, und ich würde Ihnen die Handschrift, so rasch Sie nur verlangen, remittiren.

Mit aufrichtiger Hochachtung und Werthschätzung

Ihr

Düsseldorf,   ganz ergebenster
den 7. April 1837.

Immermann.

Düsseldorf, d. 23. Juni 37.

Für die gute Art, mit welcher Sie, verehrter Herr und Freund, meine Bemerkungen über Griselbis aufgenommen haben, danke ich Ihnen herzlich. Das beigelegte Blatt enthält das Tableau der von mir gemachten Kürzungen, nebst den Gründen für dieselben. Vielleicht wird Ihnen Manches nicht gefallen, da man sich freilich bei dem Anblick fremder Werke nie ganz vom individuellen Standpunkte entfernt, und der meinige mich zu der Kunst, nicht Alles herauszusagen, zuweilen nur anzudeu-

en u. ſ. w. als zu den höchſten Geheimniſſen der
dramatiſchen Poeſie hinführend, betrachten lehrte.
Sie bewegen ſich nun zur Zeit noch in einem weichen, überfließenden Elemente, und ich räume ein,
daß auch dieſes zu Inſeln der Schönheit tragen
kann, welche von dem knappen aphoriſtiſchen Style
nicht entdeckt werden. Nehmen Sie meine Anſichten für das was ſie ſind, für Anſichten eines Einzelnen, und erſehen Sie wenigſtens auch aus meinen heutigen Mittheilungen ein hohes Intereſſe an
Ihrem Gedichte.

Auf Griſeldis beruht denn doch wohl ſo ſehr
das Gewicht der eigentlich innern, geiſtigen Handlung, daß Percivals Kampf mit ſich, der allerdings
hin und wieder hervortritt, dagegen wenig in An-
ſchlag zu bringen ſein möchte. Dies noch in Antwort auf Ihre Entgegnung, und zur Unterſtützung
des von mir in meinem erſten Briefe Geſagten.

Das kleine dramatiſche Gemälde, welches Sie
mir gütigſt überſendet haben, hat mir viel Freude
gemacht. Die Geſtalt des ſterbenden Camoens iſt
ſehr rührend und die Wendung der Kataſtrophe
ſchön und ſinnreich. Wenn ich hier etwas vermißte, ſo war es das, daß vielleicht noch ſchlagen-
der das wirkliche Vorhandenſein des dichteriſchen

Genius im jungen Perez hätte nachgewiesen werden müssen. Was er sagt, zeigt mehr von hoher Begeisterung für Poesie, als vom Poeten selbst. Vielleicht daß Sie, wenn Sie späterhin diese Arbeit noch einmal ansehen, jener wunderbaren Züge, die das Wehen der poetischen Flamme im Menschen verrathen, einen finden, und damit die letzte Scene ausstatten. Es thut mir leid, daß ich Ihre Gabe nicht früher erhalten habe, ich würde das Stück gern noch hier haben geben lassen, und bei dem kleinen Personal hätte es eine recht gute Darstellung erleben können.

Es freut mich, daß Sie Ihre Sujets nach dem innersten Kern an und in der Gegenwart erlebt haben; denn diese Gegenwärtigkeit des Gedankens im Stoffe ist wohl das unterscheidende Kennzeichen des Dramas. Es freut mich dies um so mehr, als sich von einem rohen Verbrechen irgend einer modernen Beziehung in Ihren Productionen nichts entdecken läßt und Alles daher in Ihnen gehörig verarbeitet und abgeklärt wird.

Sie würden diese Zeilen weit früher erhalten haben, wenn mich nicht ein Fieber, kurz nach dem Untergange der hiesigen Bühne und vielleicht eine Folge der gehabten aufreibenden Anstrengungen,

ergriffen und für mehrere Wochen an das Kran=
kenlager gefesselt hätte. Kaum von demselben er=
standen, überfiel mich eine ganz unbezwingliche
Productionsluft und ich schrieb in den nächsten
Wochen der Reconvalescenz ein Trauerspiel, eine
Liebestragödie, zu welcher ich den Gedanken schon
seit 10 Jahren gefaßt hatte, ohne gleichwohl dafür
früher Muth und Stimmung zu gewinnen. In
solchen Zeiten geistiger Versenkung aber habe ich
zu nichts Anderm Geschick, und so unterblieb meine
Antwort bis heute.

Daß ich in meinem 42. Jahre, und nachdem
ich längst glaubte, für eigne dramatische Production
erstorben zu sein, noch zu einer Liebestragödie kom=
men muß, bedünkt mich selbst sonderbar. Sollte
sie gar gerathen, dabei bühnengerecht, und dies
die Folge meiner mehrjährigen praktischen Beschäf=
tigung mit dem realen Theater sein, so hätte das
Schicksal sich einmal vernünftig benommen. Ich
will das Stück an einige Theater versenden, und
auch nach Wien, wo es von dem Vereine der dort
denn doch immer noch vorhandenen sehr bedeuten=
den Talente höchst würdig dargestellt werden könnte.

Wenn Sie erlauben, theile ich Ihnen zuvor die
Handschrift mit, um Ihr Urtheil darüber zu hören,

wobei ich mir nur unbedingte Freimüthigkeit aus-
bitten müßte, da ich jeden Tadel hören kann. Lassen Sie mich auch gefälligst wissen, ob ich dieser
Sendung, wenn Sie mir dieselbe gestatten, Camoens wieder beilegen soll?

Aufrichtig

ergeben

Immermann.

Sie werden mir gezürnt haben, verehrtester Herr
und Freund, daß ich so lange mit meinem Danke
für Ihre werthen Gaben zögerte. Ich bin indessen
nicht ganz so undankbar gewesen, als der Schein
es wider mich bezeugen will, da ich eine geraume
Zeit lang während des Sommers krank und un-
fähig zu andern Dingen als den allergewöhnlich-
sten war.

Den herzlichsten Dank also für die gütige Sendung. Ich las den Adepten sogleich und habe
ihn seitdem noch zweimal wiedergelesen, so daß sich
mein Gefühl und Urtheil hat feststellen können.
Die Idee, welche Sie darin durchführen, daß Stre-

ben nach Geld immer nur mit dem Scheine des
Edeln täuscht, daß der Getäuschte nur hart und
schlecht dadurch wird, daß man mit Geld sich Niemand wahrhaft verbindet, und die Beschenkten am
ehesten den Schenker verrathen — ist eine echt
tragische, und von um so größerem Interesse, als
darin ein leiser Anklang von dem betriebsamen Fa-
natismus unsrer Tage hindurchklingt. Dieser Anklang giebt dem Gedanken der Dichtung ein er-
höhtes Leben, mir ist er sehr fühlbar gewesen; Sie
schrieben mir früher davon und ich finde, daß es
Ihnen gelungen ist, klar zu machen, was Sie an-
deuten wollten. An der Führung der Handlung
in den ersten drei Akten finde ich wenig auszusetzen,
die der letzten beiden ist wohl etwas zu lang aus-
gesponnen, und manche Gegensätze hätten vielleicht
schärfer gefaßt werden sollen. Ich glaube, daß
sich die Gatten ohne vermittelnde Scenen der
Schweizer finden dürften, daß es vielleicht besser
gewesen wäre, in Ruodi einen plötzlichen Ueber-
gang von idyllischer Genügsamkeit zu Geldburst
eintreten zu lassen.

Mir ist bei wiederholter Lesung der Gedanke
aufgestiegen, ob nicht dem Abepten und der Ent-
faltung seines Charakters noch eine größere Tiefe

zu geben gewesen wäre. Und zwar so. Wenn Manuel und der Herzog uns zuvörderst in einer Handlung gezeigt wurden, welche die Fehler der Hoheit und des höfisch-adlichen Lebens darstellte, und nun Werner als der moderne Messias mit dem Gelde rettend dazwischentrat, aber in der Art wie er rettet, doch zugleich an den Tag legte, daß der Sinn, aus welchem die Rettung quoll, und also letztere selbst, nicht viel taugt. Auf diese Weise wäre wohl der tragische Knoten noch fester geschürzt worden. Werners Schuld (welche jetzt fast nur in Unhöflichkeiten besteht, die er gegen Andre übt, denn die Schuld gegen die Seinigen ist nicht als Hebel der Katastrophe benutzt worden, wäre größer, und zugleich erschiene er durch die Verdorbenheit der Großen dennoch gerechtfertigter. Auf diese Weise gewendet, würden manche spätere Scenen, so namentlich die letzte mit Hartneid viel kürzer ausfallen dürfen, und das Stück würde, besonders wenn der 4te und 5te Akt zusammengezogener gehalten würden, doch das zulässige dramatische Maaß nicht überschreiten. Was ich hier sage, ist freilich nur ein allgemeiner Gedanke, dessen Ausprägung zur bestimmten dramatischen Handlung mir selbst noch nicht aufgegangen ist.

Wollen Sie mir nicht böse sein, wenn ich ganz freimüthig mit der Sprache herausgehe? Der Haupteinwand, den ich gegen die Dichtung habe, und der auch wahrscheinlich Ursach gewesen ist, daß das Stück nicht so gewirkt hat wie Griselbis, ist, daß die Einheit der Handlung nicht darin festgehalten wird. Dieser Fehler kann vorhanden sein, wenn und obgleich Einheit der Idee in einem Werke ist, welche ich nach dem Obengesagten in dem Ihrigen rühmend anerkennen muß.

Aber der Handlungen sind zwei, und die Idee zeigt sich daher in ihrer Einheit mehr episch als dramatisch. — Daß Werner an seinen nächsten und theuersten Pflichten zum Verräther wird, ist das eine Motiv — und dieses wirkt, wie gesagt, keine Katastrophe. Mit dem zweiten Akte beginnt nun eine von dem vorigen ganz unabhängige Kette von Motiven, welche das Verderben des Helden herbeiführen.

Die verzweifelte Stimmung, welche sich in dem sonst sehr schönen letzten Monologe ausspricht, und ihn seinen Feinden überliefert, ist wohl auch mit durch den Tod seines Weibes herbeigeführt, aber doch nicht rein davon erzeugt, und so bleibt in der Katastrophe etwas Dämmerndes, Ungewisses, welches

der vollen, tragischen Wirkung schadet. — Dieser
Tadel ungeachtet hat mir die Dichtung doch wie=
der große Freude gemacht, und ich habe darin
wieder den reinen, vollen, jugendlichen Geist be=
grüßt, dem zuletzt auch das Schwerste gelingen
wird. In der Sprache finde ich nicht mehr die
Ueberfülle der Griseldis, sie ist im Ganzen körnich=
ter und der Scenenbau conciser.

Ich hoffe, Sie deuten mir meine Offenheit nicht
übel. Sie entspringt ja nur aus dem Antheil, den
ich an Ihnen nehme, und aus der Idee, die ich
von Ihnen habe.

Möge mir bald wieder gute und schöne Kunde
von Ihnen werden. Nochmals dankend und auf=
richtig

ergeben

Düsseldorf, d. 22. Aug. 1838.

Immermann.

Druck von Gebr. Unger in Berlin.